Questions pénitentiaires

Collection Sécurité et Société
dirigée par François Dieu

Cette collection publie les travaux de chercheurs de toutes disciplines intéressées par les problèmes de sécurité. Elle se propose d'aborder ces questions en toute liberté de problématique et de méthodologie, en étudiant notamment le développement des fonctions et institutions policières, les politiques publiques de sécurité, les manifestations de violence et formes de délinquance qui menacent les sociétés contemporaines, les risques techniques et les systèmes de protection qu'ils suscitent.

Dernières parutions

Christian VALLAR, André Michel VENTRE, *Le commissaire de police. Réalités et fictions*, 2021.
Xavier LATOUR, *La gendarmerie dans l'État*, 2021.
François Dieu, *Etudes sur la gendarmerie. Regard sociologique sur une institution à l'épreuve du changement social*, 2021.
François DIEU, *Où va la gendarmerie ?*, 2020.
Aurélie CAPPELLO, Charlotte DUBOIS et Xavier LATOUR (sous la dir.), *Les mutations du droit applicable à la contrainte*, 2020.
Sarah-Marie CABON, François DIEU et Xavier LATOUR (sous la dir.), *La gendarmerie outre-mer*, 2019.
François DIEU (sous la dir.), *L'identité du gendarme*, 2018.
Maurice CUSSON, *L'antiterrorisme à l'âge du djihadisme*, 2018.
Jean-François IMPINI, *Délinquance sérielle et police judiciaire*, 2017.
Jean-Stéphane VIALLEFONT, *Terrorisme, islamisme et sacrifice*, 2016.
Chikao URANAKA, *Police et contrôle social au Japon*, 2010.
Pierre THYS, *Les armes « à létalité réduite »*, 2010.
François DIEU et Pascal SUHARD, *Justice et femme battue. Enquête sur le traitement judiciaire des violences conjugales*, 2008.
Laurent MUCCHIELLI (sous la dir.), *Gendarmes et voleurs*, 2007.
François DIEU (sous la dir.), *Questions de sécurité*, 2006.
François DIEU, *Police de la route et gendarmerie*, 2005.

François Dieu

Questions pénitentiaires

L'Harmattan

5-7, rue de l'Ecole-Polytechnique, 75005 Paris
http://www.editions-harmattan.fr
ISBN : 978-2-14-048864-1
EAN : 9782140488641

Avant-propos

Souvent il est fait le procès aux chercheurs de poser des questions – pas toujours celles débattues dans les médias, les réseaux sociaux et les officines de pouvoir – et de ne jamais proposer de réponses. Nous revient alors à l'esprit la formule assassine prêtée au Général de Gaulle selon laquelle « *des chercheurs qui cherchent, on en trouve ; des chercheurs qui trouvent, on en cherche* ». À cette boutade, on peut bien sûr objecter, comme l'a enseigné Claude Lévi-Strauss, que « *le savant n'est pas l'homme qui fournit les vraies réponses, c'est celui qui pose les vraies questions* ».

Objectivement, il est injuste de reprocher à la communauté universitaire une absence de production de savoirs sur les questions les plus fondamentales qui se posent à nos sociétés contemporaines. Le problème est que le plus souvent cette accumulation de connaissances et de données n'est pas aisément accessible car elles sont exposées principalement dans des revues « scientifiques », pour la plupart, confidentielles. Ces publications réservées à quelques dizaines ou centaines de lecteurs privilégiés n'en sont pas moins – dès lors qu'elles ont été « référencées », c'est-à-dire estampillées du sceau de la « respectabilité » scientifique – démesurément valorisées au sein de chaque discipline, à la manière de véritables sésames pour le recrutement et l'avancement des chercheurs. Malheur à celui qui essaie, au cours de sa carrière, de s'affranchir de ce passage obligé par les comités de rédaction de ces revues qui, pour une bonne partie, pratiquent allégrement le népotisme et le sectarisme tant au plan de leur composition que de leurs jugements sans appel sur les soumissions de publication qui n'émanent pas de leurs « protégés » ou de leurs « chapelles ». Les pratiques d'éreintement qui y sont pratiquées sont tellement efficaces qu'elles dissuadent la majorité des enseignants-chercheurs de s'y exposer, comme pour s'éviter un passage sous les fourches caudines ou être fustigés par des « pairs » prétendument légitimes et objectifs, laissant ainsi un quasi-monopole s'instaurer, avec ses logiques d'exclusion et de distinction. Certaines de ces revues exigent ainsi, publiquement et impunément, le recours obligatoire à l'écriture inclusive qui ne semble pourtant pas être la règle au sein de l'enseignement supérieur.

Dans ces conditions, la production universitaire n'est que rarement mise à la disposition des décideurs politiques et administratifs et de leur entourage, qui ne se donnent pas la peine d'y accéder, trop contents d'éviter ainsi des questionnements forcément dérangeants voire déstabilisants. Cette relégation plus ou moins volontaire de la connaissance scientifique a permis à tout un discours de prospérer, celui du sens commun triomphant, alimenté par les écrits et prises de position des essayistes, journalistes, philosophes et autres commentateurs polyvalents et « experts » auto-proclamés. Dans ce capharnaüm tumultueux qui trône sur les plateaux télévisés et prospère à l'envi en tirant profit des précieuses libertés d'opinion, d'expression et de presse, il est bien difficile aux universitaires de se faire entendre, sauf à devoir composer avec les règles du jeu de ce microcosme médiatique en acceptant de se fondre et de se confondre dans des discours le plus souvent dénués de rigueur, de nuance et de complexité. Malheur, là aussi, à celui qui refuse de jouer le rôle de faire-valoir ou de caution universitaire et qui sera dès lors condamné à l'anonymat et au mépris. De même, celui qui s'essaiera à l'exercice médiatique, avec aisance voire délectation, risque fort de se faire mépriser et rejeter par ses « collègues » jaloux, quant à eux, de ne pas être sous la lumière médiatique. Dans ces conditions, nombreux sont les universitaires à s'interroger fondamentalement, dans leur for intérieur ou à l'occasion de conversations informelles, sur leur utilité sociale, voire humaine, avec l'impression d'être rémunérés par le corps social pour produire des connaissances qui ne servent alors à pratiquement personne, si ce n'est à quelques étudiants, pour peu que ces derniers fassent l'effort de consulter les modestes travaux de leurs « maîtres » que ces derniers ne peuvent pas toujours injectés, instillés dans leurs enseignements.

Aussi, au moins pour ce qui est des sciences sociales, les mondes professionnel et universitaire s'ignorent allégrement, les incursions et espaces de rencontres et de mises en commun étant singulièrement limités. Ainsi, sur un plan particulier, peu d'universitaires sont appelés à intervenir dans les écoles de formation de la fonction publique, compte tenu, il est vrai, d'une volonté des administrations concernées de préserver un entre-soi considéré comme indispensable pour assurer la diffusion d'une subculture professionnelle, avec son ambition de préserver des réflexes identitaires d'esprit de corps. Il en est de même évidemment s'agissant des organes de réflexion, d'étude et de prospective des administrations qui s'affranchissement largement de ces concours qui pourraient être obtenus, à moindre coût, auprès de la communauté universitaire. Un constat analogue pourrait être établi s'agissant des dispositifs de contrôle et d'inspection dans lesquels prédominent, là aussi, la tendance à la dissimulation et le repli sur soi bureaucratique. On pourrait alors conseiller à la Cour des comptes de dénoncer cette situation peu acceptable en termes d'utilisation rationnelle des deniers publics, pour peu que cette haute juridiction prenne elle-même en considération ces savoirs universitaires dans ses rapports, ce qui ne semble pas vraiment le cas dans de nombreux domaines.

À l'évidence, ces dernières années, les responsables politiques ont fait le choix de mobiliser massivement plutôt l'expertise des cabinets privés de consultants, pour superficielle et onéreuse qu'elle soit, mais avec l'avantage de ne pas être déstabilisés voire remis en cause par des recommandations rendues forcément démagogiques par la dimension marchande de la prestation considérée. Les savoirs universitaires ne pèsent pas bien lourd au regard de l'influence souterraine et démesurée dans la prise de décision de la haute administration et des groupes de pression plus ou moins occultes, pour des gouvernants, également soumis aux diktats de la démocratie d'opinion qui s'exprime bruyamment dans les sondages et les manifestations, quand ce n'est pas sur les plateaux des chaînes d'information et dans les réseaux sociaux.

Dans ces conditions, c'est bien une impression de gâchis, voire de gabegie qui se dégage de cet évitement systématique et systématisé, avec l'impression que, malgré un discours ambiant et convenu sur l'importance de l'activité de recherche dans les universités, ce qui est surtout demandé aux universitaires c'est de s'occuper et d'occuper les centaines de milliers d'étudiants dont la société souhaite différer l'entrée sur le marché du travail. Par certains côtés, et même si cela peut paraître dérangeant, leur travail quotidien présente alors certaines analogies avec celui des surveillants pénitentiaires, chargés eux aussi de s'occuper et d'occuper des dizaines de milliers de jeunes issus, quant à eux, des classes les plus défavorisées de la population… Cette porosité limitée de la connaissance universitaire entretient alors l'incompréhension, les préjugés et les fantasmes autour d'une prétendue déviance collective de certaines disciplines, comme la sociologie, qui a pu être accusée par un ancien premier ministre, de faire preuve de complaisance à l'égard du terrorisme, mais aussi, plus récemment, par sa ministre de tutelle, de servir de berceau et de couveuse à la radicalisation islamiste. Il est vrai que la quête générale de compréhension et d'explication des faits n'est pas toujours aisée à dissocier, lorsqu'on s'en tient à une paresse intellectuelle et que l'on exploite quelques dérives individuelles, des entreprises de justification de ce qui suscite légitimement l'effroi et l'aversion.

L'honnêteté amène toutefois à constater qu'une bonne partie de la production universitaire ne présente guère d'intérêt immédiat pour le système social et ses représentants, à raison de son caractère ésotérique, de sa focalisation sur des micro-objets pas forcément pertinents, voire de son parasitage par des considérations idéologiques et militantes, comme c'est le cas, par exemple, dans le domaine de la sécurité et des questions policières largement imprégné par les effets d'un gauchisme pénal rarement dénoncé. Par leurs prises de position foulant au pied les règles élémentaires de l'éthos scientifique, certains universitaires en viennent à saper toute velléité de rapprochement avec un monde professionnel suspecté, par eux, d'être l'émanation et le vecteur de la domination capitaliste et de l'injustice sociale. Tout en agissant comme un véritable repoussoir justifiant le peu de considération à l'égard des productions universitaires, ces errements permettent aux intéressés de demeurer dans leurs certitudes et leurs postures idéologiques qui ne résisteraient guère à une authentique confrontation avec la réalité du terrain et à un effort élémentaire de distanciation. Il est ainsi plus commode de dénoncer les « violences policières » avec un prétendu discours universitaire s'appuyant, le cas échéant, sur de vagues analyses comparées, pour venir en écho et en appui des réquisitoires contre la contrainte étatique autour de l'affirmation péremptoire selon laquelle : « la police tue », que de se confronter à la complexité et à l'hétérogénéité des situations induites par l'usage de la force dans une démocratie en crise (Dieu, 2017).

Toutes ces considérations générales, à la dimension politiquement incorrecte assumée, ont présidé à l'élaboration du présent ouvrage qui non seulement pose un certain nombre de questions, mais propose aussi des éléments de réponses argumentés pour alimenter le débat public. L'auteur ne se fait pas quand même beaucoup d'illusions sur la capacité à atteindre cet objectif, ayant déjà été largement échaudé par ses tentatives aussi réitérées que vaines dans le domaine de la sociologie des institutions policières. En effet, après une trentaine d'années de travaux universitaires sur la gendarmerie, il a été amené à constater, dans ses dernières publications, l'impossibilité manifeste de mettre en relation cette institution avec les sciences sociales (Dieu, 2020), même dans le cadre particulier de réalisation de recherches à la demande expresse des responsables de sa direction générale (Dieu, 2021).

Les questions posées et les réponses proposées résultent d'une incursion quelque peu accidentelle de l'auteur dans le champ pénitentiaire. Non pas, faut-il le préciser, parce que ce dernier aurait connu l'expérience de l'enfermement carcéral, consécutivement à un crime qu'il aurait commis ou qu'il aurait été suspecté d'avoir commis, tant il est vrai que la prison n'accueille pas que des criminels endurcis, mais aussi des citoyens ordinaires ayant occasionnellement fauté, voire, c'est à craindre, des innocents injustement poursuivis ou condamnés. C'est bien dans le cadre de son métier universitaire que l'auteur a été amené à s'intéresser à la prison, en tant qu'objet d'étude et univers professionnel. Pour les sciences sociales, la prison fait partie, il est vrai, de ces « évènements analyseurs » qui nous renseignent sur la situation effective d'une société, à travers une institution qui abrite certains de ses dysfonctionnements les plus problématiques, notamment les questions de santé mentale, de déficit d'éducation, d'échec scolaire, de précarisation ou encore d'immigration non maîtrisée et de radicalisation. C'est un univers de violence, de souffrance et de misère qui ne peut qu'interpeller celui qui s'efforce de comprendre et d'expliquer les phénomènes sociaux.

Pour de nombreux sociologues et politistes, la rencontre avec l'univers carcéral se fait d'abord par l'apprentissage des travaux fondateurs de la sociologie de la déviance et de la criminologie, même si, on le sait, cette dernière discipline ne s'est jamais vue reconnaître droit de cité dans la communauté universitaire française (Tournier, 2009), de par l'hostilité conjuguée de sociologues et de pénalistes soucieux de préserver leur mainmise sur l'objet criminel. En ce domaine, les problématiques carcérales demeurent encore, en France, le parent pauvre des travaux sur la question plus générale des peines et de leur exécution. L'auteur du présent ouvrage confesse n'avoir prêté, au cours de ses premières années de carrière comme enseignant-chercheur, qu'un intérêt assez limité pour la prison, à la faveur de quelques lectures, visites d'établissements et conférences permettant la rencontre de spécialistes et de cadres de l'administration pénitentiaire. Aussi l'opportunité de développer une collaboration avec cette administration et un investissement de ce champ de recherche a-t-elle été saisie à la faveur de la délocalisation à Agen, en 2000, de l'École nationale d'administration pénitentiaire (ENAP). Cette proximité géographique avec son université toulousaine a permis à l'auteur de découvrir cet univers professionnel singulier, avec alors la possibilité de participer à certaines actions pédagogiques, mais aussi et surtout de bénéficier des formidables ressources de la médiathèque (Gabriel Tarde) développée dans le centre de formation lot-et-garonnais.

Après dix années de contacts réguliers, l'auteur a alors accepté la proposition qui lui a alors été faite de prendre en charge la direction de la recherche et de la documentation de l'ENAP, avec la mission d'engager une redynamisation de ce secteur d'activité en quête de reconnaissance au sein de l'administration pénitentiaire. Les quatre années et demie passées dans ces fonctions (2010-2014) ont constitué une formidable expérience humaine et professionnelle, rompant avec l'uniformité et, il faut bien le dire, la sérénité de la vie universitaire pour appréhender, au quotidien, le fonctionnement interne d'une administration, avec ses rouages, ses servitudes et ses pesanteurs. Cette expérience lui a surtout permis d'approfondir la connaissance de l'administration pénitentiaire et du système carcéral, avec de nombreuses rencontres d'acteurs et visites de terrain dans les établissements métropolitains, mais aussi dans différents pays (Belgique, Roumanie, Sénégal, Algérie, Japon, États-Unis, etc.). À la faveur également des séminaires et colloques organisés périodiquement, l'auteur a pu aussi investiguer divers questionnements qui, pour certains, ont donné lieu à la réalisation de rapports et de publications, en particulier sur les questions d'architecture carcérale (Dieu et Mbanzoulou, 2011) ou encore de positionnement institutionnel de l'administration pénitentiaire (Dieu et Mbanzoulou, 2013). L'auteur a eu aussi l'opportunité d'organiser le déménagement à Agen du musée national des prisons (jusque-là implanté à Fontainebleau) et de contribuer à intégrer ce lieu de mémoire dans les activités pédagogiques de l'École. Il a aussi encouragé la montée en puissance de l'activité d'évaluation des formations et d'enquête sociodémographique sur les personnels. En matière de recherche, cette expérience lui a permis d'appréhender la quasi-impossibilité de faire exister une activité de recherche universitaire au sein d'une administration publique, avec la nécessité d'opter plutôt en ce domaine pour des actions de soutien (sous la forme d'ouvertures de terrain et de financements notamment) aux équipes de recherche des universités, de contacts réguliers avec les spécialistes (avec des sollicitations pour des séminaires et conférences) et de participation aux activités des sociétés savantes internationales.

Après la cessation de ses fonctions à l'ENAP et la reprise de ses activités universitaires, l'auteur a poursuivi ses travaux sur l'objet pénitentiaire en France, en s'intéressant à plusieurs questionnements qui ont servi de base pour l'élaboration du présent ouvrage, qu'il s'agisse de la mission de réinsertion dévolue à la prison (*question 1*), de l'interrogation sur sa possible privatisation (question 2) ou encore de la dimension sécuritaire de l'administration pénitentiaire *(question 3*), le tout alimenté également par une attention soutenue pour les évolutions des approches pénitentiaires au plan international, avec un intérêt plus spécifique pour les États-Unis (*question 4*) ou encore le Maroc (l'auteur ayant exercé, entre 2019 et 2022, la fonction d'expert auprès de la mission de jumelage et d'assistance technique de l'Union européenne avec la Délégation générale à l'administration pénitentiaire et à la réinsertion du Maroc).

Sommaire

Question 1 :
La prison peut-elle réinsérer les délinquants ?

En l'état actuel de nos connaissances imperceptiblement empreintes de nos croyances, la réponse à cette question est instinctivement « oui », mais qui se transforme, après quelques instants de réflexion, en un « oui mais », voire même, si cette réflexion est poussée davantage, en une réponse pratiquement négative. Elle nous conduit, plus largement, à l'aune de l'expérience française, et à partir d'une analyse des principaux travaux publiés, à nous interroger sur la fonction de la prison, sur l'efficacité de la peine de détention, voire même sur son sens. À quoi sert la prison ? Est-elle efficace et, si c'est le cas, quels sont ses bénéfices potentiels pour le système social ? Bien évidemment, la principale justification de la prison, au moins dans les sociétés libérales, se situe dans une tentative de réinsertion de la personne détenue. À la prison qui pâtit d'une image négative est alors accolée l'idée plus consensuelle de réinsertion. L'interrogation sur la raison d'être, le rôle social de la prison, se trouve dès lors supplantée par celle, plus prosaïque, sur la faisabilité d'une réinsertion des délinquants par l'enfermement. Est-ce que le fait de mettre en prison un individu condamné par la justice, pour quelques mois ou pour plusieurs années, en réduisant drastiquement sa liberté, son humanité, est-il le meilleur moyen ou, tout au moins, constitue-t-il une peine opérante pour lui permettre de se réinsérer dans la société ? Est-ce que ce passage par l'enfermement lui permet de retrouver une vie empreinte de normalité, de ne plus constituer un danger pour autrui et pour lui-même, en somme, de sortir de la délinquance et ne pas récidiver, un processus que recouvre la notion criminologique débattue de « désistance » (Kazemian et Farrington, 2012) ?

Pour qui entend dépasser les discours entendus qu'ils soient officiels ou idéologiques, faire table rase sur le sens commun et les jugements de valeur omniprésents sur ce champ, la réponse à la question n'appelle pas forcément de considérations définitives, valables pour toutes les époques et pour toutes les sociétés. Pour progresser en ce domaine complexe, il faut accepter que le discours empirique, scientifique ne permette pas, au moins dans un premier temps, de répondre à toutes les questions qui agitent le débat public, mais plutôt d'abord de reformuler celles qui se posent avec une acuité particulière. La réinsertion par l'enfermement est-elle tout simplement possible ? Ne s'agit-il pas d'une sorte de chimère invariablement ressassée, d'une injonction contradictoire immanquablement vouée à l'échec ? En d'autres termes, la prison rend-elle illusoire l'idée même de réinsertion dès lors que cette dernière se trouve circonscrite à l'espace de détention ?

S'interroger sur la prison n'est pas seulement une inclination sociologique (Chauvenet, Faugeron et Combessie, 1996 ; Combessie, 2001-2018 ; Chantraine, 2004), même si, là comme ailleurs, le chercheur doit composer avec un terrain d'enquête qui se dérobe à l'observation (Zanna, 2010), mais bel et bien une exigence démocratique pouvant justifier l'ouverture d'un grand débat public alimenté, on pourrait l'espérer, par des données objectives et des prises de position argumentées. Si l'utilité de la prison doit demeurer en procès, il serait une grave erreur de souscrire aux discours caricaturaux qui foisonnent en ce domaine. La prison, qu'elle accueille des condamnés ou des personnes en attente d'être jugées (le quart environ des personnes écrouées), n'a pas le monopole de l'enfermement, compte tenu des situations de privation de liberté induites par la garde à vue ou encore la rétention administrative, voire l'internement psychiatrique. Elle est une institution « totale » au sens goffmanien (c'est-à-dire « un lieu de résidence et de travail où un grand nombre d'individus vivant dans les mêmes conditions et isolés du reste de la société pendant une période de temps considérable mènent ensemble un épisode de vie contraint et réglé ») (Goffman, 1968 ; Amourous et Blanc, 2001). La détention est une sanction pénale qui, en l'état de nos savoirs et de nos valeurs, demeure globalement acceptée au moins pour les crimes les plus graves et pour les individus les plus dangereux. Prison et détention contribuent à rendre effectif le droit à la sûreté, issu de la notion ancestrale d'Habeas Corpus et énoncé par la Déclaration des droits de l'homme et du citoyen de 1789, qui s'analyse comme la protection due par la puissance publique aux individus contre les arrestations et emprisonnements arbitraires, mais aussi contre tous les actes de violence susceptibles de porter atteinte à leur intégrité physique et à leurs possessions. Au nom de cette exigence de sûreté, la société est fondée à mettre en œuvre un droit de punir, sous la forme de normes prévoyant un système de délits et de peines reposant formellement sur des principes de légalité, de proportionnalité et d'humanité.

La prison est probablement, pour paraphraser une formule célèbre prêtée à la démocratie, la pire des sanctions sévères à l'exception de toutes les autres. Elle est couramment appréhendée, par l'opinion publique comme par les professionnels de la justice, comme la peine de référence la plus évidente pour lutter contre la criminalité, notamment pour les récidivistes. En dépit de son utilité sociale, elle n'est assurément pas la panacée, la solution idéale. Elle semble demeurer une option encore opérante pour peu que le système social adapte ses attentes à l'égard de l'enfermement à ce que la prison est susceptible de produire. C'est probablement plus au niveau de ce qu'on attend de la prison que doivent s'imposer des considérations empreintes de raison. À cet égard, il est erroné, voire dangereux de prétendre que la prison puisse pourvoir, à elle seule, et avec des moyens toujours insuffisants, à l'objectif social de réinsertion des délinquants. D'abord, parce qu'une part significative d'entre eux ne passe pas par la « case prison », échappe à la sanction pénale du fait des carences en matière d'accès des victimes au système pénal, de déficit d'efficacité de ce dernier ou bien, plus prosaïquement, d'un manque endémique de moyens d'investigation, de poursuite et d'enfermement. Ensuite, parce que dans sa configuration actuelle, la prison n'est pas pensée et formatée, organisée et équipée, pour réussir cette mission difficile de réinsertion, notamment dans les sociétés qui connaissent des taux de précarisation, d'inégalité et (donc) de criminalité élevés. Enfin, parce que la priorité des priorités en matière carcérale demeure fondamentalement punitive, avec une approche dominante soupçonneuse vis-à-vis des programmes de réinsertion considérés comme trop favorables aux personnes détenues, en leur procurant des prestations jugées incompatibles avec la réclusion. L'organisation à la prison de Fresnes d'une journée de rencontres sportives inspirées d'un célèbre jeu télévisé et associant détenus, surveillants pénitentiaires et jeunes des cités (« Kohlantess »), avec notamment la pratique du karting, a ainsi provoqué de vives controverses durant l'été 2022. Ces attentes démesurées à l'égard d'une prison censée réinsérer comme par magie les délinquants, bien que largement démenties par les faits, n'en sont pas moins entretenues par les discours politiques soucieux de faire passer au second plan l'autre fonction plus sécuritaire de la prison.

Dans ces conditions, la réinsertion a été réduite bien souvent à un objectif incantatoire, une finalité consensuelle, c'est-à-dire, en somme, une sorte d'illusion collective, par-delà les ambigüités et les exclusions qu'elle véhicule (1). Dans le même temps, elle n'en donne pas moins lieu à tout un arsenal de dispositifs traduisant la volonté de dépasser le stade du mythe pour s'ancrer dans la réalité, d'en faire une politique publique mobilisant une diversité de thématiques et d'acteurs, avec ses lacunes et ses limites, mais aussi ses ambitions et ses réalisations (2).

1. La fiction de la réinsertion : ambiguïtés originelles et exclusions tangibles

En France, comme ailleurs, la prison est, pour la majorité de la population, un univers inquiétant et méconnu, objet de fantasmes et d'angoisses. Depuis l'Antiquité, les prisons ont été associées, il est vrai, à des procédés d'élimination brutaux : c'est dans un cachot que Socrate a bu la ciguë (399 av. J.-C.) et que François Villon a composé sa *Balade des pendus* (1489), sans oublier les quatorze années au Château d'If d'Edmond Dantès dans le *Comte de Monte-Cristo* d'Alexandre Dumas (1844-1846). L'approche dominante sur la prison est généralement critique, défiante, en particulier chez les philosophes et les sociologues encore imprégnés des réquisitoires de Michel Foucault (Foucault, 1975). Aussi semble-t-il exister une sorte d'antinomie de principe entre la prison et l'idéal démocratique. Dans l'absolu pourtant, la prison n'est pas simplement un lieu de détention et de punition, mais doit aussi contribuer à l'amendement et à la réinsertion de la personne détenue.

1.1 La dualité carcérale

Pour les plus critiques, la prison repose sur une sorte de contradiction fondamentale qui devrait, à terme, conduire à sa disparition au nom d'une conception évolutive de la modernité, comme ce fut le cas pour la torture et la peine de mort. Elle est forcément source de souffrances, de privations pour la personne condamnée, avec une réduction temporaire mais conséquente de ses libertés, notamment la plus fondamentale de toutes : celle d'aller et de venir, de disposer pleinement de son corps, de ses faits et gestes, de ses droits et libertés. Cette neutralisation du détenu par l'enfermement contre sa volonté n'en a pas moins, en théorie, pour contrepartie la mise en œuvre simultanément d'une action de réinsertion censée si ce n'est légitimer, au moins faire accepter la violence symbolique et matérielle de la détention.

1.1.1 La peine de la modernité

La prison telle qu'on la conçoit aujourd'hui est un phénomène relativement récent. À partir du XVIe siècle, elle s'impose très progressivement, en Europe, comme un substitut humaniste aux supplices ainsi qu'à la peine de mort, ce qui conduit Beccaria, dans son traité *Des délits et des peines* (1764), à prôner la substitution de la peine capitale par la réclusion à perpétuité, ce qu'il appelle l'« esclavage perpétuel » (Manacorda, 2015). Le XVIIe siècle est ainsi dépeint comme celui du « grand renfermement » des pauvres et marginaux (Fossier, 2002). En 1748, Louis XV décide la suppression des galères et la création des bagnes portuaires (avec l'ouverture du bagne de Toulon qui, en un siècle d'existence, devait accueillir environ 100 000 bagnards). La torture, et notamment la question préalable infligée aux condamnés à mort afin de leur soutirer le nom de leurs complices, est officiellement abolie par une déclaration de Louis XVI du 15 février 1788, une réforme majeure dont les parlements refusèrent toutefois l'enregistrement. Sous l'Ancien Régime, l'enfermement n'est pas considéré comme une peine ; la prison est un lieu de rétention réservé aux condamnés à mort graciés, aux personnes ayant des dettes, aux opposants politiques, mais aussi et surtout aux pauvres, mendiants et indigents, aux prostituées et aux malades contagieux.

Pour favoriser la réintégration du condamné dans la société, certains humanistes imaginèrent alors des prisons insérées dans la Cité. Ainsi la prison « panoptique », permettant l'observation permanente des faits et gestes des détenus grâce à un principe de vision totale devait-elle être régulièrement visitée, note Jeremy Bentham (*Panoptique ou Maison d'inspection,* 1791), par des citoyens qui formeraient « un grand comité public du tribunal mondial » (Tusseau, 2004). À l'inverse, dans une perspective d'expiation, ont été envisagés des lieux de réclusion isolés, à l'image des monastères, dont la division en cellules a servi de modèle aux bâtiments pénitentiaires. C'est ainsi, comme ont pu l'observer Alexis de Tocqueville et Gustave de Beaumont lors de leur périple en Amérique *(Système pénitentiaire aux États-Unis et son application en France,* 1833) (Keslassy, 2010), que les autorités quakers de Pennsylvanie ont développé un régime d'enfermement « philadelphien », fondé sur l'isolement total des reclus, qui se distingue du régime « auburnien » qui repose, quant à lui, sur le « dressage » de l'individu par sa participation à des activités utiles de resocialisation (Roth, 1981). La prison se voit alors reconnaître une fonction d'expiation qui consiste à faire souffrir le détenu à la hauteur de la gravité de l'acte qu'il a commis et à l'amener à méditer dans le recueillement sur le mal qu'il a causé à la société.

La prison s'est donc développée en remplacement des châtiments corporels les plus violents fondés sur une logique d'élimination. Dans une perspective empreinte d'utopie quant aux possibilités de pénitence et de rachat du condamné (Leterrier, 2008), elle a alors pu être considérée comme une peine moins cruelle, moins irréversible. Avec la Révolution de 1789, qui débute pourtant par la prise de la Bastille, prison d'État parisienne symbole de l'absolutisme monarchique (alors qu'elle ne détenait que sept prisonniers, deux aliénés, un « débauché » à la demande sa famille et quatre faussaires en attente de procès) (Quétel, 1989), elle devient officiellement la peine de la modernité politique, une peine fondée sur les principes de légalité, d'égalité et de nécessité, s'opposant au règne de l'arbitraire, des privilèges et de la cruauté (le Code pénal de 1791 institue ainsi une peine de « détention » limitée à six années). Pourtant, dans les faits, elle devait permettre surtout, comme l'a montré Michel Foucault (Foucault, 1975), d'isoler les populations déviantes du reste de la société, comme en témoigne le développement des bagnes coloniaux, entre 1853 et 1938, en Guyane et en Nouvelle-Calédonie (Pierre, 2006), à l'instar du sort réservé aux aliénés, vagabonds et prostituées d'antan. Par-delà les régimes politiques, la prison va ainsi devenir, dans un cheminement historique souvent dominé par l'absence de volontarisme (Carlier, 2009), une institution disciplinaire, dans laquelle le contrôle et la surveillance de chaque fait et geste de la personne détenue deviennent une priorité, avec l'imposition de régimes de détention particulièrement contraignants.

Il faudra attendre le mouvement de « défense sociale », au milieu du XXe siècle, pour que soit mise en évidence l'inefficacité des caractères dissuasif et rétributif de la peine, le trouble social engendré par l'infraction ne pouvant cesser en raison de la seule punition de son auteur. Il s'agit alors d'individualiser la peine en fonction des particularités propres au délinquant et de faire en sorte que son exécution permette le reclassement effectif du condamné à sa libération. Par la suite, le mouvement de « défense sociale nouvelle », initié dans les années 1950 et 1960 par Marc Ancel, réintroduira le caractère rétributif de la peine pour peu qu'elle soit accompagnée de mesures de réinsertion sociale (Sizaire, 2017).

La principale justification de cette exigence de réinsertion se situe dans le risque de récidive des sortants de prison qui peut paraître élevé, ce qui conduit à entretenir un certain scepticisme à l'égard de l'efficacité des politiques de réinsertion, comme si la récidive ne dépendait exclusivement que des effets de ces dernières. Cette véritable « obsession » de la récidive a également justifié la multiplication des condamnations à des peines de plus en plus lourdes, induisant mécaniquement une inflation carcérale (Kensey, 2007). La littérature scientifique propose toutefois de nombreuses pistes sur ce qui est de nature à contribuer efficacement à la prévention de la récidive (Lalande, 2019). On rappellera, à cet égard, que les facteurs de risque qui contribuent le plus à la récidive demeurent le passé criminel, la fréquentation de délinquants, la situation familiale dégradée, la consommation d'alcool et de drogues et les troubles antisociaux de la personnalité. Plusieurs études nous éclairent sur l'étendue en France de cette récidive (Kensey et Benaouda, 2011), même si l'ampleur et la portée des données produites en ce domaine doivent être nuancées au regard des conditions de détention et du profil social précarisé des détenus. Ainsi, une recherche récente (portant sur un échantillon de 1 500 personnes, âgées de 18 ans ou plus, ayant été détenues dans un établissement pénitentiaire pour majeurs pour tout ou partie de leur peine, dont la levée d'écrou est enregistrée en 2016) a montré que, dans l'année qui a suivi la sortie de prison, 31 % des libérés ont fait l'objet d'une nouvelle condamnation. 79 % de ces récidivistes ont été condamnés à une peine de prison ferme, ce qui s'explique également par la plus grande sévérité de la justice pour les personnes ayant des antécédents judiciaires. Selon cette étude, les auteurs d'atteintes aux biens récidivent plus souvent, en particulier les condamnés pour vol simple ou vol aggravé sans violence. Les personnes ayant bénéficié d'une libération conditionnelle après leur période d'incarcération sont sensiblement moins nombreuses à récidiver que celles n'ayant bénéficié d'aucun aménagement de peine. Le risque de récidive est d'autant plus élevé que les personnes sont jeunes au moment de leur entrée en prison, et augmente avec le nombre de condamnations antérieures. Les troubles psychologiques ou psychiatriques identifiés pendant la détention sont associés à un sur-risque en matière de récidive (Cornuau et Juillard, 2021). Dans une approche dominante occultant le contexte social de l'acte délinquant, la prison est généralement jugée responsable de l'ampleur de ces taux de récidive, du fait de ce qui est dépeint comme une incapacité à s'acquitter efficacement de sa mission de réinsertion. Elle est donc un bouc émissaire commode pour expliquer si ce n'est la délinquance au moins la récidive, en omettant de souligner que sa contribution au système social ne se réduit pas à cette mission pratiquement impossible de réinsertion qui lui est imposée.

1.1.2 Neutralisation et réinsertion

Dans une perspective utilitariste, la prison est avant tout une sanction, qui exerce une fonction de neutralisation, en permettant d'isoler les populations déviantes, dangereuses du reste de la société. Elle est aussi perçue comme une sorte de dédommagement punitif dû aux victimes de la délinquance que la puissance publique n'a pas su protéger. La perspective d'incarcération pouvant être de nature à amener certains auteurs potentiels à ne pas passer à l'acte a conduit également à lui reconnaître une fonction de dissuasion générale et individuelle de la délinquance, qu'il est toutefois difficile non seulement d'évaluer précisément, mais aussi de dissocier des autres mécanismes de socialisation et de contrôle social. Dans la période contemporaine, la prison s'est vue enfin assigner conjointement une mission de réinsertion dans la société de la personne détenue.

L'enfermement pénitentiaire s'est donc partagé entre deux logiques : d'un côté, une rationalité sécuritaire, qui entend enfermer pour dissuader le passage à l'acte délinquant, faire cesser les troubles provoqués par l'infraction, détenir les prévenus pendant l'instruction, mettre à l'écart les condamnés pour les empêcher de nuire, reconnaître le préjudice subi par les victimes ; de l'autre, une inclination humaniste, qui vise la correction, l'amendement, la réinsertion. La première définit la fonction essentielle des prisons, la seconde les légitime ; elles sont contradictoires, mais se révèlent aussi complémentaires. Comment, en effet, accepter, dans une société qui promeut les valeurs de progrès et de liberté, qu'on enferme des individus contre leur gré si on n'affirme pas publiquement que c'est pour les rendre meilleurs avant de les libérer ? Il s'agit de deux rôles difficilement conciliables : celui de dispositif de traitement, un peu sur le modèle médical, mais qui s'appuie sur un projet pédagogique (bien qu'il soit destiné à un public principalement adulte) et celui de dispositif punitif d'expiation (quitte à provoquer la souffrance, l'affliction du condamné, au moyen d'une discipline et de conditions de détention rigoureuses). Ces attentes affichées à l'égard d'une prison qui doit tout à la fois punir, protéger, dissuader, réhabiliter, intégrer, paraissent disproportionnées, voire inatteignables, irréalistes, alors même que, en réalité, ce que la société demande surtout à l'univers carcéral et à l'administration qui en est chargée est d'empêcher les évasions et les mutineries.

Pour les professionnels de l'univers carcéral, qu'ils soient surveillants ou encore conseillers pénitentiaires d'insertion et de probation, la réinsertion apparaît souvent comme une abstraction, un slogan, bien éloigné de la réalité de leur travail quotidien plutôt orienté sur la sécurité (cf. question 3), ainsi que sur la répétition de tâches mécaniques et la gestion bureaucratique (Chauvenet, Orlic et Benguigui, 1994). La modicité des moyens alloués à cette mission contribue à discréditer davantage une réinsertion, vitrine institutionnelle mais parent pauvre d'une administration pénitentiaire largement esseulée et déconsidérée. Pour valoriser cette réinsertion, elle ne peut également compter sur une bonne partie des détenus, plutôt intéressés par la récupération de quelques menus avantages et par des activités permettant de « tuer le temps », plus que par un travail sur soi et une implication personnelle pour se préparer à une vie expurgée de toute forme de délinquance. Dans ces conditions, on peut douter de l'engagement sincère des uns et des autres dans des activités qui plus est déjà réduites pour cause de ressources insuffisantes et de contraintes matérielles.

La prison fait l'objet, depuis quelques décennies, d'une profonde interpellation et remise en cause, dans un contexte général de diminution et d'inacceptation des formes de violence, protestataires et étatiques, par le corps social identifié par Norbert Elias dans *La civilisation des mœurs* (1939). Depuis le XIXe siècle, en Europe, on ne pratique plus les châtiments corporels, et la seconde moitié du XXe siècle a vu l'abolition de la peine de mort. C'est ainsi que l'enfermement carcéral qui était considéré, il y a quelques décennies encore, comme une sanction modérée au regard de châtiments plus violents, fait figure aujourd'hui de dispositif coercitif particulièrement sévère. La prison demeure manifestement, il est vrai, pour le détenu comme pour le surveillant d'ailleurs (Merly et La Mola, 2021 ; Horel et Poblete, 2022), un lieu de déstructuration (Khosrokhavar, 2016), de concentration de souffrances (Chazot et Violet, 2020) et de violences (Chauvenet, Rostaing et Orlic, 2015). Les observateurs insistent donc de plus en plus sur les caractéristiques dégradantes, voire déshumanisantes de ce type de traitement, à l'aune notamment du nombre significatif (quoique stable depuis ces vingt-cinq dernières années) de suicides (entre 110 et 120 chaque année) et d'agressions physiques et sexuelles (qui a culminé avec celle mortelle du militant indépendantiste corse Yvan Colonna par un codétenu à la prison d'Arles le 2 mars 2022) même si on ne dispose que de peu de données fiables en ce domaine caractérisé par un taux de dénonciation singulièrement limité de la part de victimes souvent réduites au silence.

La prison revêt manifestement un caractère criminogène, avec une propension avérée à encourager les pulsions violentes, à consolider les penchants à la délinquance, avec sa conséquence directe : la récidive, ce qui justifie alors, pour certains, les thèses « abolitionnistes » selon lesquelles la prison est non seulement une abomination, mais aussi une peine dysfonctionnelle et dangereuse (Brossat, 2001 ; Chantraine, 2016 ; Ferri, 2018 ; Le sage de La Haye, 2019). Il est vrai que les conditions de détention souvent déplorables dans la plupart des maisons d'arrêt confortent cette approche critique, et ce d'autant plus que l'état vétuste de certaines prisons est désormais porté à la connaissance de l'opinion publique

(Simon et Warde, 2019), notamment depuis les livres choc de l'Aumonier Naussiat (Naussiat, 1998) et du Docteur Vasseur (Vasseur, 2000), ainsi que le rapport du Sénat au titre évocateur : *Prisons, une humiliation pour la République* (Cabanel, 2000) qui dénonce « *des prisons républicaines aux oubliettes de la société* ». S'adressant devant le Congrès, réuni le 22 juin 2009, le Président Nicolas Sarkozy, pourtant chantre d'une politique répressive, devait même dépeindre la prison comme une « *honte pour la République* ». Le dispositif d'inclusion auquel postulait la peine originelle d'enfermement s'est transformé, il est vrai, en dispositif d'exclusion : au lieu d'agir comme un instrument d'intégration et de prévention, la prison se révèle être, de manière latente, une machine à entretenir la relégation et la délinquance.

1.2 La relégation du détenu

La tâche est immense, pour ne pas dire irréalisable quand on demande à la prison d'enfermer avec le maximum de sécurité des individus le plus souvent déjà désocialisés et précarisés, dans des conditions rendues difficiles par le manque récurrent de moyens, pour les transformer en individus responsables, capables de s'insérer dans une société qui les a généralement exclus socialement. La prison est le réceptacle ultime de la relégation sociale qui, loin d'être en capacité d'inverser les dynamiques d'exclusion, peut contribuer à leur concrétisation, voire à leur accentuation.

1.2.1 Déresponsabilisation et enneméité

La prison se distingue des autres dispositifs de coercition légaux par une stigmatisation imputable à une caractéristique déterminante : la saisine du corps, qui est opérée par des agents investis du monopole d'user de la force physique qui est, comme nous l'enseigne la sociologie wébérienne, l'instrument fondamental du pouvoir politique institutionnalisé. Le justiciable se trouve alors enfermé dans un espace clos où il est maintenu reclus contre sa volonté. Par ce saisissement, cet isolement et cette stigmatisation, l'autorité judiciaire signifie à tous qu'il se trouve, lui-même, porteur du « mal », et donc qu'on doit l'isoler du corps social comme un pestiféré. Privé de sa liberté d'aller et de venir, éloigné de son domicile et de ses proches, l'individu voit son corps pratiquement confisqué par la société qui s'autorise d'en disposer comme ce fut le cas à l'époque de l'esclavage. N'étant plus maître de ses mouvements, l'individu écroué se trouve, en quelque sorte, privé de lui-même pour devenir alors, pour reprendre une notion imagée hautement significative, une « personne sous main de justice » (une situation privative ou restrictive de liberté qui s'applique à toute personne qui, à la suite d'une décision de justice, est incarcérée ou fait l'objet d'une peine alternative à l'incarcération ou de mesures d'aménagement de peine). L'idée de « choc carcéral » rend compte de cette atteinte corporelle et mentale, de cette altération du rapport à soi et au monde, particulièrement intense lors d'une première incarcération, qui s'accompagne d'un sentiment de perte d'autonomie et d'intimité, d'abandon et d'indignité, qui peut envahir l'individu et le placer dans un état de dépression pouvant se manifester par des tendances suicidaires (Lhuilier, 2001), ce qui justifie une surveillance particulière lors de son passage au quartier des arrivants.

Cette saisine du corps s'accompagne d'une déresponsabilisation, voire d'une infantilisation du détenu, qui n'exerce plus vraiment, dans l'univers totalitaire de la prison, ses responsabilités d'homme et de citoyen. Ainsi, les quelques mobilisations des années 1970 en faveur du droit de s'associer et de se syndiquer en prison n'ont finalement abouti qu'à des formes limitées de participation institutionnelle des détenus (Charbit, 2018). Dès lors, le choc ne pourra être que brutal à la sortie de prison, notamment à l'issue d'une longue peine, le détenu passant alors sans transition d'une vie entièrement planifiée à une totale liberté. La vie du détenu est sévèrement encadrée en prison, notamment en matière d'hygiène. Le droit pénitentiaire précise ainsi que le détenu doit bénéficier d'au moins trois douches par semaine (ainsi qu'à son arrivée à l'établissement et après les séances de sport et son retour du travail). Cette organisation minutieuse de la vie du détenu concerne également la question de ses vêtements (même en l'absence de costume carcéral, officiellement supprimé en 1983) ou encore de sa nourriture et de la propreté de sa cellule. La prison permet donc une sorte de « normalisation » de l'individu, en phase avec l'objectif de réinsertion, mais qui peut s'avérer problématique lors de la sortie du détenu. Habitué à ce que tout soit planifié pour lui par une autorité extérieure, le retour à la pleine liberté est susceptible de le plonger dans un certain désœuvrement, voire dans un état anxiogène. Cette dépendance des détenus vis-à-vis de l'administration pénitentiaire participe d'une logique de disciplinarisation, qui peut être accentuée par certaines pressions exercées par les agents en se retranchant alors sur les lenteurs et pesanteurs de la prison. La relégation du détenu est renforcée également par les impératifs de sécurité, variables selon les types d'établissements (plus importants dans les maisons centrales et les maisons d'arrêt), qui peuvent peser sur la dignité du détenu (fouilles) et le maintien des liens familiaux (entraves pour les permis de visite, contrôle des correspondances et des communications).

Dans les années 1970, cette saisine du corps était suivie d'une scission du corps social qui concernait surtout les détenus enfermés pour de longues durées. Pour différentes raisons, la durée moyenne d'enfermement s'est allongée (de 9,9 à 11,1 mois entre 2012 et 2022 (Falxa, 2022)) et le regard des citoyens sur l'enfermement est devenu plus sévère (50 % des répondants à une enquête réalisée en 2018 estimaient que les détenus étaient « trop bien traités », soit 32 points de plus qu'en 2000 (Morin et Taquet, 2018)). De nos jours, on ne voit plus guère la prison que comme un lieu « qui enferme », et rarement comme un lieu « d'où l'on sort », alors même que, statistiquement, il entre chaque jour à peu près autant de personnes qu'il en sort (environ 220). Les fictions cinématographiques des années 1960-1970 présentaient souvent des condamnés qui sortaient de prison même s'ils pouvaient être amenés à y retourner dans des conditions tragiques (comme dans *Deux hommes dans la ville* de José Giovanni sorti en 1973), alors que, quelques décennies ans plus tard, les réalisateurs semblent priser davantage les fictions qui caricaturent une vie carcérale dominée par la violence (l'exemple le plus frappant étant le film *Un prophète* de Jacques Audiard sorti en 2009), comme s'il était moins question d'en sortir. Ces différences de représentations de l'enfermement sont les symptômes d'évolutions qui se sont accentuées ces dernières années, à la faveur du renforcement des mécanismes si ce n'est de disciplinarisation, au moins de contrôle de l'individu. Dans ces conditions, on peut soutenir l'idée que la prison serait une institution fondamentalement « dégradante » (Rostaing, 2021), pour les détenus qui ont le sentiment d'être la lie de la société et de faire l'objet, eux et leurs proches, d'une stigmatisation qui ne cesse pas même après la détention, mais aussi pour les surveillants pénitentiaires en charge d'une mission de garde peu valorisante (ce que traduit le sobriquet de « matons » ou même l'expression incorrecte mais courante de « gardiens de prison »), voire assimilée à un « sale boulot » évoluant « aux marges de la société » (Malochet, 2009).

Les conditions mêmes de l'enfermement carcéral entraînent la transformation d'un nombre important de personnes détenues dans un sens qui n'est pas du tout recherché : elle ne les convertit pas en citoyens dotés de meilleures dispositions pour s'intégrer dans les dispositifs les plus valorisés socialement, mais renforce, au contraire, leur propension à la violence et leur inscription dans des processus de délinquance. Dans cette perspective, la prison serait une sorte d'« école du crime », en transformant de simples délinquants en véritables criminels, voire en terroristes. De façon particulièrement inquiétante se construit inexorablement ce qu'on pourrait appeler une « enneméité » au cœur même de la réclusion carcérale. La prison armerait alors le bras de mouvements terroristes qui ne se dirigent pas contre l'enfermement carcéral, mais qui visent, à l'extérieur, les fondements mêmes de la démocratie.

Dans le débat public, les prisons européennes ont pu être dépeintes comme une « pépinière » pour les réseaux djihadistes privilégiant le recrutement de criminels « en colère » et « prêts à l'emploi ». L'irruption du groupe État islamique a renforcé les liens entre terrorisme et criminalité, les organisations extrémistes délaissant les écoles religieuses au profit des quartiers difficiles et des prisons où ils peuvent trouver des candidats aguerris possédant un passé criminel. Avoir été incarcéré pour des crimes violents facilite, il est vrai, le passage à l'extrémisme violent. Si les profils et les motivations des personnes radicalisées sont variables, les premiers pas dans le processus de radicalisation résultent en général d'une sensibilité au discours radical et d'une rencontre, physique ou virtuelle, avec une personne déjà engagée. Comme l'a souligné un rapport du Conseil de l'Europe, les prisons sont l'un de ces espaces privilégiés de ce type de rencontres. Des détenus radicalisés tirent profit de la concentration de populations de confession musulmane pour y faire du prosélytisme et développer des réseaux extrémistes (Conseil de l'Europe, 2018). Une étude du Centre international d'étude de la radicalisation et de la violence politique (ICSR) du King's College de Londres (ICSR, 2010), reposant sur l'analyse des profils de 79 djihadistes européens qui se sont rendus à l'étranger pour combattre ou qui ont été impliqués dans des actes de terrorisme en Europe, a montré ainsi que 57 % avaient séjourné en prison avant leur radicalisation et que 27 % s'y étaient radicalisés. Le rôle de la prison comme incubateur de radicalisation n'est pas un phénomène nouveau. Il y a plusieurs décennies, les islamistes égyptiens, l'extrême droite allemande et les indépendantistes irlandais avaient eux-mêmes compris l'intérêt de la prison pour renforcer leur mouvement. Une autre étude récente de cet organisme de recherche estime à hauteur de 1 405 (dont 549 en France) le nombre d'extrémistes violents incarcérés en Europe, dont 82 % de djihadistes (ICSR, 2021).

Face aux vagues d'attentats du terrorisme islamiste depuis une dizaine d'années, l'État français a développé quelques mesures spécifiques dans les prisons, en faisant appel à différents corps de métiers, notamment au soutien d'aumôniers musulmans, et en mettant en place, après quelques tâtonnements, des pratiques dites de « déradicalisation », des unités d'évaluation, de prise en charge et d'isolement dédiées aux personnes détenues radicalisées ayant été mises en place, depuis 2015, dans certains établissements pénitentiaires (Chantraine et Scheer, 2022). La menace terroriste a alors fait émerger l'idée que l'islam serait la première religion carcérale, alors même que la prison produit une intensification du rapport au religieux, qui constitue, pour de nombreux détenus musulmans, une ressource pour affronter l'épreuve carcérale (De Galembert, 2020).

1.2.2 Précarisation et désocialisation

La tâche de réinsertion est rendue extrêmement difficile, pour ne pas dire chimérique par la situation sociale des personnes détenues. En effet, la plupart des personnes qui se retrouvent en prison ne sont pas réellement insérées dans la société avant leur incarcération, ce qui rend inappropriée la notion même de « ré-insertion ». Aussi la fonction de la prison ne serait pas seulement de sanctionner des délits, mais plutôt « d'apporter une réponse répressive à la question sociale en la fondant sur un argumentaire moral » (Fassin, 2015, 500). La population carcérale se compose d'un nombre significatif de personnes issues de l'immigration, même si, en ce domaine, on ne dispose pas de données statistiques précises. La majorité des détenus sont jeunes et proviennent de milieux socialement défavorisés. Or, plus un détenu est jeune, plus ses perspectives de récidive sont importantes, notamment s'il est l'objet d'une « sortie sèche » (non préparée). Les trois quarts des détenus sont sans emploi avant l'incarcération et un quart ne dispose pas de logement stable (sans domicile fixe ou hébergement précaire). Pratiquement la moitié n'a aucun diplôme et un sur dix est illettré. Une part significative d'entre eux, estimée entre le tiers et la moitié, souffre d'addiction aux drogues et à l'alcool et de problèmes psychologiques, voire psychiatriques. La prison accueille donc depuis toujours une large majorité de pauvres (Marchetti, 1997), qui cumulent les problématiques d'exclusion et de précarisation, ce qu'a souligné, à propos des États-Unis, Loïc Wacquant dans *Les prisons de la misère* (Wacquant, 1999). Pour ce sociologue, la prison est l'espace privilégié d'exercice de la violence de l'État néolibéral punitif qui emprisonne, cyniquement et massivement, les exclus au lieu de leur proposer du travail et du logement social (Wacquant, 2009). La population carcérale est souvent marquée par une déstructuration précoce, un rapport dégradé aux instances de contrôle social, notamment la famille, l'école et la police, ainsi que par une quasi-rupture avec le marché du travail. Aussi peut-on partager ce jugement formulé il y a une vingtaine d'années par un parlementaire selon lequel « la prison d'aujourd'hui est redevenue la prison-asile, la prison-hospice et la prison-hôpital d'antan » (Cabanel, 2002, 49).

Au lieu de les (ré)insérer, la prison achève alors de marginaliser les plus précaires, en engendrant la perte de leur emploi et la rupture de liens familiaux déjà fragiles. Par ailleurs, l'expérience carcérale les appauvrit davantage, rien ne leur permettant de préserver leurs éventuels acquis, alors même que la vie en détention a un coût qui a pu être évalué autour de 150 € par mois (location de télévision, de réfrigérateur et de plaques chauffantes, achat de vêtements, de produits d'hygiène et alimentaires). La possibilité de travailler en prison reste limitée et les revenus de ce travail peu importants. Le dispositif de lutte contre la pauvreté en prison permet l'octroi d'aides en nature, réservées aux plus nécessiteux (pour les détenus : délivrance de vêtements, de produits d'hygiène et de matériel de correspondance, mise à disposition gratuite de la télévision, prise en charge éventuelle des frais d'inscription à l'enseignement à distance ; pour les sortants de prison : participation possible à l'acquisition d'un titre de transport et fourniture de chèques multiservices, aide en numéraire plafonnée à 20 €). Être pauvre en milieu carcéral signifie alors ne rien pouvoir « cantiner » et vivre de l'aumône de l'administration et des autres détenus, ce qui est souvent vécu comme humiliant et favorise les tensions et le racket.

Face à ce qui s'apparente à une « indigentisation », les associations de défense des détenus réclament en particulier que ces derniers ne soient pas exclus des minimas sociaux, avec l'attribution d'une allocation pour les plus précaires, une mesure qui peut paraître utopique sur la base de l'objection selon laquelle, outre la prise en charge par la collectivité des frais d'hébergement, les ressources redistributives ne peuvent être détournées de leur finalité première, à savoir venir en aide prioritairement aux populations pauvres survivant en dehors des murs des prisons. Il existe, en effet, une sorte de principe non écrit selon lequel les détenus ne peuvent bénéficier de conditions de vie meilleures, ou plutôt moins dégradées, que celles des populations les plus précaires, ce qui constitue en soi une limite pour toutes les velléités d'humanisation des conditions de détention, alors même qu'il s'agit d'un des marqueurs de la modernité d'une société. Ainsi, dans les années 1970, des controverses ont-elles accompagné l'introduction en prison de la radio (1972) et de la télévision (1975), qui n'est autorisée en cellule que depuis 1985 (en 2010, deux amendements proposant sa gratuité ont d'ailleurs été rejetés). Il en est ainsi s'agissant notamment de la question de l'accès aux soins médicaux dans les États dans lesquels une bonne partie de la population s'en trouve exclue, voire même pour ceux, plus favorisés économiquement, qui connaissent des situations de pénuries de soignants, voire des « déserts médicaux ». Dans les pays en voie de développement qui sont parvenus à faire des efforts en termes d'alimentation et de soins en direction des détenus, des rumeurs largement propagées décrivent même le parcours supposé d'individus qui auraient commis des actes de délinquance pour délibérément se faire incarcérer afin de bénéficier de nourritures et de soins gratuits…

En France comme ailleurs, un grand nombre de détenus sortent de prison en situation d'exclusion : un tiers d'entre eux se retrouve sans ressource, sans emploi et sans abri. Les sortants de prison voient leur situation dégradée : ils n'ont plus le droit d'ouvrir un commerce, d'exercer certaines activités professionnelles (notamment dans la fonction publique), d'être tuteurs d'autres enfants que les leurs ; ils peuvent être privés de certains droits familiaux et ont de grandes difficultés à trouver du travail car les employeurs peuvent avoir des réticences à recruter un ancien détenu même s'il a purgé sa peine depuis longtemps.

Certains facteurs structurels s'avèrent également problématiques avec manifestement un effet désocialisant et un encouragement de la récidive, notamment la surpopulation carcérale (au 1er janvier 2023, 72 173 détenus écroués en France, pour 60 722 places, soit 2 111 détenus dormant sur des matelas au sol et une densité carcérale de 120 %, 56 établissements étant confrontés à une densité carcérale de 150 % et 3 dépassant même les 200 %). Il s'agit d'une problématique récurrente largement médiatisée qui sévit principalement dans les maisons d'arrêt, induisant une promiscuité insupportable, des tensions permanentes et davantage de violence, ainsi qu'une altération de la santé physique et mentale des détenus les plus fragiles, tout en rendant illusoires les principes pourtant reconnus par le législateur de séparation des différentes catégories de détenus et d'encellulement individuel (notamment pour les prévenus). Agissant comme une sorte de double peine, la surpopulation carcérale aboutit à une dégradation de conditions de vie pour les détenus et de travail pour les personnels pénitentiaires même dans les établissements les plus récents. Aussi, sauf à parvenir à réduire le volume de la population carcérale par une réduction du niveau de délinquance et/ou par un usage plus limité des peines de détention, l'extension du parc pénitentiaire constitue une mesure d'urgence d'abord pour remédier à ce problème endémique de surpopulation, mais aussi pour permettre la fermeture des établissements et quartiers les plus vétustes (le gouvernement s'est engagé, d'ici la fin du second quinquennat du Président Macron, à livrer 15 000 places de prison supplémentaires). Encore que l'expérience montre qu'en ce domaine toute augmentation du nombre de places disponibles aboutit presque mécaniquement à un accroissement simultané de la population carcérale, les possibilités supplémentaires permettant le prononcé et l'exécution de davantage de peines de détention par les juridictions, ce qui limite d'autant les opportunités de réduction de cette surpopulation carcérale. L'indignité de certaines prisons françaises est dénoncée par les organes chargés du respect des droits de l'homme, comme le Contrôleur général des lieux de privation de liberté ou encore la Commission nationale consultative des droits de l'homme, 45 établissements pénitentiaires ayant été considérés comme exposant les personnes détenues à des traitements inhumains ou dégradants par la justice française et par la Cour européenne des droits de l'homme (OIP, 2022). Au-delà de ces problèmes de surpopulation, on peut également mentionner un fonctionnement quotidien marqué par une déresponsabilisation et un manque d'accès à une activité professionnelle ou à une formation. Le nombre insuffisant de conseillers pénitentiaires d'insertion et de probation nuit également à l'efficacité des dispositifs d'accompagnement sociaux et criminologiques, de même que les obstacles encore nombreux au maintien des liens sociaux, en particulier avec la famille.

L'enfermement entretient, voire accentue la situation de relégation de la plupart des détenus, ce qui est de nature à les enfermer avantage dans la spirale de la délinquance, sauf à développer des mesures volontaristes pour infléchir les facteurs de passage à l'acte et de récidive, en transformant la réinsertion sinon réduite à une simple ambition en une réalité productrice de réalisations.

2. La réalité de la réinsertion : ambitions affichées et réalisations limitées

La réinsertion se définit, dans sa signification pénologique, comme le processus psychologique et social qui consiste à réintroduire un détenu dans la société à la fin de sa peine carcérale. La réinsertion se distingue de la « réhabilitation », notion anglo-saxonne plus ambitieuse, qui suppose, d'une part, une amnésie du droit pénal permettant la réintégration du délinquant dans la société une fois sa peine purgée, d'autre part, des vertus thérapeutiques pour la peine de prison rendant le détenu libéré fonctionnel pour la vie en société. La réinsertion est une impérieuse nécessité que l'on se place au niveau (microsociologique) de l'individu, mais aussi au niveau (macrosociologique) de la société : une nécessité pour l'individu qui existe dans chaque détenu, au nom du respect de la dignité de la personne que la société ne peut décemment abandonner à une existence dominée par une marginalité nocive et souvent pathologique ; une nécessité pour la société qui doit se protéger des individus les plus dangereux, mais aussi organiser leur détention dans une logique de rationalité et d'efficience intégrant leur retour, une fois leur peine exécutée, dans la normalité sociale.

2.1 Une composante de la politique sociétale de prévention

Dans une perspective légaliste inspirée par la philosophie des Lumières, la prévention s'entend, dans son sens originel, comme l'effet sur le comportement individuel de la menace de sanction induite par l'application de la loi. Dans sa configuration actuelle, cette notion reste difficile à cerner, renvoyant à des réalités multiples, à des pratiques éclatées, ce qui lui vaut d'être brocardée, caricaturée. Un scepticisme émerge souvent non pas tant sur la légitimité de conduire des actions en ce domaine que sur leurs effets attendus. Pourtant, on conçoit difficilement, dans une démocratie pluraliste, que les politiques publiques puissent aborder la question des désordres urbains et de la délinquance sans intégrer une dimension préventive, dont le principal intérêt réside justement dans la possibilité de faire l'économie d'une action répressive qui présente le paradoxe d'être de plus en plus prononcée normativement mais aussi de moins en moins acceptée socialement. La mise en œuvre de politiques de prévention traduit, en effet, l'embarras de l'État investi par la modernité politique de recourir à la coercition légitime, à la sanction pénale et à l'enfermement carcéral, sans doute parce que cet usage monopolistique, même encadré par la norme juridique, apparaît comme la manifestation d'une défaillance de sa fonction première d'intégration et de cohésion sociale. Au-delà de ses objectifs consensuels, la prévention, comme référentiel alternatif à la répression, traduit un certain positionnement de l'État libéral face à des comportements délinquants qui résultent, pour l'essentiel, de fractures sociales et urbaines qu'il ne parvient pas à réduire. Dans ces conditions, et contrairement à ce qu'il est possible d'observer dans la réalité, la réinsertion devrait normalement constituer une composante à part entière de toute politique sociétale de prévention de la délinquance, sous la forme d'une préoccupation constante des politiques conduites dans les domaines de la sécurité et de la justice, en s'imposant alors sur les approches tendant à la restreindre au seul univers carcéral et à la minorer au regard de ses autres missions.

2.1.1 La construction laborieuse d'une politique de réinsertion

Jusqu'à la fin de la Seconde Guerre mondiale, la prison demeure un espace de répression, marquée par des conditions de détention difficiles (les détenus étaient ainsi astreints au silence et au port d'une cagoule pendant leurs déplacements). La Troisième République devait toutefois instituer les alternatives à la prison, notamment la libération conditionnelle pour bonne conduite (1885) et le sursis pour les délinquants primaires (1891), tout en introduisant la relégation obligatoire et perpétuelle des multirécidivistes (1885) (Badinter, 1992). La réforme pénitentiaire est alors appréhendée, pour différents acteurs publics et privés, comme un des moyens de résoudre la question sociale (Kaluszynski, 2001). Les premiers congrès pénitentiaires, comme celui de Stockholm (20-26 août 1878), avaient introduit les notions d'amendement et de lutte contre la récidive, avec la nécessité de permettre un changement de mentalité chez les condamnés, par l'amélioration des conditions de détention et la mise en place de la libération conditionnelle.

L'après-guerre est marqué par la volonté de favoriser la rééducation des condamnés. C'est le sens de la « réforme Amor », du nom du directeur de l'administration pénitentiaire qui l'a impulsée, qui intervient, il est vrai, dans un contexte de surpopulation sans précédent (63 000 détenus en 1945). Elle postule que l'emprisonnement a pour but essentiel « l'amendement et le reclassement social du condamné ». La prison est désormais officiellement conçue comme un lieu de traitement et non plus une simple structure de punition et d'exécution d'une peine. Il ne s'agit plus de modifier les personnalités, mais de donner aux détenus les moyens de préparer leur future réinsertion. La réforme Amor précise également que le sort des détenus doit être « humain, exempt de vexations et tendre principalement à son instruction générale et professionnelle et à son amélioration ». L'amélioration des conditions de détention passe par une volonté de réaménagement du parc pénitentiaire vétuste et par un assouplissement du régime de détention. La réforme se caractérise, enfin, par l'avènement d'une volonté d'individualisation des peines et du traitement des détenus, avec notamment la création du juge de l'application des peines dans le Code pénal de 1958. Concernant les liens familiaux, la réforme invite à un renforcement des liens entre le dehors et le dedans, la peine de privation du droit de visite et de correspondance étant ainsi abolie en 1948. La réforme crée également le service social au sein des établissements pénitentiaires, pensé comme un intermédiaire entre le détenu et sa famille. Cependant, elle reste de portée limitée faute de financements et peu de textes législatifs et réglementaires sont finalement promulgués (Hedhili-Azéma, 2019). Cette volonté réformatrice devait s'essouffler rapidement et, dès le début des années 1960, la sécurité redevient la préoccupation première reconnue de l'administration pénitentiaire.

Ce mouvement d'humanisation devait reprendre seulement à partir des années 1970, même si l'institution pénitentiaire, sommée de reconnaître des droits aux détenus, s'est souvent retranchée dans les impératifs de sécurité pour en limiter la portée et la mise en œuvre (Bérard, 2014). Le décret du 12 septembre 1972 fait progresser ces droits, avec un assouplissement des règles de correspondance et du régime des visites, l'octroi de permissions de sortir, ainsi que l'accès aux journaux et à la radio. La loi du 29 décembre 1972 institue des réductions de peine pour bonne conduite afin de faire participer positivement le détenu à sa peine. En 1974, un éphémère secrétaire d'État à la condition pénitentiaire auprès du garde des sceaux est même institué avec pour mission principale d'humaniser la prison. L'année suivante, la loi du 31 décembre 1975 reconnaît le droit de vote aux détenus et donc, par extension, le statut de citoyen. Cette humanisation, productrice d'un progrès de l'État de droit activement soutenu par les réglementations européennes (jurisprudence de la Cour européenne des droits de l'homme, Règles pénitentiaires européennes du Conseil de l'Europe), devait se poursuivre par touches successives, avec l'abolition de la peine de mort (1981), la suppression des quartiers de haute sécurité (1982), l'installation des parloirs sans séparation (1983), l'institution des travaux d'intérêt général (1983), l'introduction des télévisions dans les cellules (1985), la création de services médico-psychologiques régionaux dans certaines prisons (1986), le lancement du programme des « 13 000 places » pour réduire la surpopulation (1987), la prise en charge sanitaire des personnes détenues par le service public hospitalier (1994), la possibilité de contester devant le juge administratif les actes de l'administration pénitentiaire ayant une incidence concrète sur la situation des détenus (1995), l'entrée des avocats dans les établissements et le droit de visite des établissements par les parlementaires (2000), la suspension de la peine pour des raisons médicales exceptionnelles (2002), la mise en place des unités de vie familiale (2003), l'ouverture d'établissements pénitentiaires pour mineurs (2007), l'institution du Contrôleur général des lieux de privation de liberté (2007) (Fischer, 2016), le lancement d'un plan national de prévention et de lutte contre le suicide (2009). Une nouvelle étape est franchie avec l'adoption de la loi pénitentiaire du 24 novembre 2009 (Poncela, 2010), qui a reconnu, entre autres, une pluralité de droits aux personnes détenues parmi lesquels le principe de dignité (art. 22), des droits civiques et sociaux (art. 30 à 33), la possibilité de se pacser en détention (art. 37), un droit à la sécurité (art. 44) ou encore un droit à la santé (art. 45 à 56). Plus récemment, la loi du 8 avril 2021 tendant à garantir le droit au respect de la dignité en détention a institué un nouveau recours devant le juge judiciaire pour tous les détenus en cas de conditions indignes de détention. Le contrôle des établissements pénitentiaires a également été étendu par la loi du 22 décembre 2021 pour la confiance dans l'institution judiciaire qui a instauré le droit de visite des bâtonniers ou de leurs délégués dans les lieux de privation de liberté. Quant à l'entrée en vigueur le 1er mai 2022 du Code pénitentiaire, il entend mettre fin à l'éparpillement des dispositions législatives et règlementaires qui forment le droit pénitentiaire dans le dessein de permettre un accès facilité à ces différentes normes, avec également l'ambition plus pédagogique de faire mieux connaître la spécificité des missions du service public pénitentiaire et de réaffirmer les droits des personnes qui lui sont confiées.

La reconnaissance de la mission de réinsertion est indissociable de ce processus inachevé d'humanisation des conditions de détention (Bouagga, 2015). La loi du 22 juin 1987 donne une base juridique à la réinsertion, qui devient une des deux missions assignées au service public pénitentiaire : « le service public pénitentiaire participe à l'exécution des décisions et sentences pénales et au maintien de la sécurité publique. Il favorise la réinsertion sociale des personnes qui lui sont confiées par l'autorité judiciaire. Il est organisé de manière à assurer l'individualisation de la peine » (art. 1er). Le décret du 13 avril 1999 créé au sein de l'administration pénitentiaire un service dédié à cette mission, les « SPIP » : services pénitentiaires d'insertion et de probation. Plus récemment, la loi pénitentiaire du 24 novembre 2009 souligne que « le régime d'exécution de la peine de privation de liberté concilie la protection de la société, la sanction du condamné et les intérêts de la victime avec la nécessité de préparer l'insertion ou la réinsertion de la personne détenue afin de lui permettre de mener une vie responsable et de prévenir la commission de nouvelles infractions » (art. 1er). Cette formulation est reprise dans le Code pénitentiaire de 2022 qui précise que « le service public pénitentiaire participe à la préparation et à l'exécution des décisions judiciaires. Il contribue à l'insertion ou à la réinsertion des personnes qui lui sont confiées et à la prévention de la commission de nouvelles infractions » (art. L1). Au moins au plan normatif, la réinsertion n'est donc plus définie comme une tâche secondaire exercée incidemment, mais bien comme un pilier de toute politique pénitentiaire, même si ses prises de position contrastent encore avec une réalité dominée par les logiques sécuritaires et une conception étriquée du périmètre de cette réinsertion.

2.1.2 Le continuum idéal de la réinsertion

En effet, et contrairement à la pratique dominante qui la réduit à l'univers carcéral et à ses abords immédiats, la réinsertion devrait être pensée comme un *continuum* au plan fonctionnel et organisationnel. La chaîne de la réinsertion sociale des personnes détenues commence avant l'incarcération, avant même qu'ils ne deviennent délinquants, et se poursuit après leur libération, lorsqu'ils sont redevenus des individus comme les autres. Elle concerne donc l'individu dans son intégralité et pas seulement le détenu. Aussi la mise en œuvre de toute politique publique en ce domaine devrait-elle mobiliser l'ensemble du système social et pas seulement l'administration pénitentiaire en charge, plus particulièrement, de la séquence de détention. Au-delà de la participation du détenu aux activités individualisées de réadaptation sociale ou de rééducation proposées dans le cadre de l'incarcération, cette nécessaire continuité de l'action de réinsertion suppose la mise en œuvre à la fois de politiques de prévention de la délinquance afin de dissuader le passage à l'acte notamment des jeunes, de sanctions alternatives permettant d'éviter l'incarcération pour certains délinquants, mais aussi de dispositifs d'assistance aux anciens détenus pour réduire le risque de récidive.

2.1.2.1 Réinsérer par la prévention de la délinquance

La prévention de la délinquance prend la forme aujourd'hui de politiques partenariales conduites localement dans les trois domaines que sont la prévention sociale (renforcement de l'insertion des auteurs potentiels d'actes de délinquance), la prévention situationnelle (amélioration de la protection des victimes potentielles de la délinquance) et la prévention communautaire (renforcement de la cohésion sociale et de la citoyenneté).

Dans le modèle de prévention sociale, au-delà de sa responsabilité individuelle, le délinquant est considéré, sur un plan plus général, comme la « victime » d'une société qui n'a pas su/pu assurer son intégration et sur laquelle pèsent des facteurs d'inadaptation, des déterminismes inhérents à son environnement social, à son vécu et à ses conditions de vie. L'objectif est de mener plusieurs actions sur l'individu et son micromilieu (famille, groupe de pairs, milieu scolaire), afin de parvenir à un recul des prédispositions à commettre des actes délinquants. Les actions d'animation destinées à améliorer les conditions de vie des populations sont privilégiées, de manière à infléchir les progrès de la délinquance, indissolublement liés aux phénomènes de précarisation et d'exclusion. Conjointement aux actions individualisées de réadaptation sociale et de rééducation des délinquants (prévention tertiaire), la recherche de cet effet préventif donne lieu à des actions dans le domaine de l'éducation, de l'accompagnement scolaire, du logement, de l'emploi, de la santé et des activités culturelles et de loisirs, au profit des jeunes des quartiers les plus difficiles n'ayant pas encore commis d'actes de délinquance (prévention primaire), mais aussi pour les sujets sociaux à risque déjà en voie d'inscription dans des carrières délinquantes, avec la mise en œuvre de mesures éducatives, sociales et thérapeutiques (prévention secondaire). La volonté d'apporter des solutions structurelles à la délinquance suppose ainsi la mise en œuvre de mesures adaptées et massives, coordonnées et évaluées, dans les domaines notamment de la lutte contre l'échec scolaire, de la restauration de l'autorité parentale, de la prévention des conduites addictives et dans le traitement des troubles du comportement.

Malgré une impulsion significative, depuis la fin des années 1970, pour inscrire ces actions de prévention dans les politiques de sécurité, la priorité de ces dernières demeure invariablement la répression des comportements délinquants, avec une efficacité toute relative, mais des moyens toujours plus conséquents consacrés aux institutions policières et aux technologies de sécurité (contrôle sanction automatisé, vidéo-surveillance) et une production normative permanente dans le domaine pénal, avec la création continue d'infractions et le durcissement des sanctions pénales. Cette dynamique préventive, impulsée progressivement avec les conseils communaux de prévention de la délinquance (1983), les contrats locaux de sécurité (1997) et les conseils locaux de sécurité et de prévention de la délinquance (2002), a donné lieu à des réalisations contrastées selon les territoires, avec une implication à géométrie variable des acteurs, des logiques d'affichage et d'opportunisme, des bricolages institutionnels souvent défaillants en termes de méthodologie d'action, de pilotage et de suivi. Cette décentralisation toute relative a connu également un recul manifeste, une mise entre parenthèses persistante depuis maintenant une bonne douzaine d'années, avec une attention largement focalisée sur la menace terroriste et la radicalisation, mais aussi un moindre volontarisme de la part de l'État, qui n'a pas souhaité opérer une relance des politiques locales de sécurité par la mise en place d'un nouveau dispositif susceptible de stimuler les initiatives dans les territoires.

S'agissant de l'administration pénitentiaire, sa présence dans ces instances locales a été généralement extrêmement discrète, sous réserve de quelques initiatives ponctuelles des services d'insertion et de probation afin de développer les opportunités d'exécution des peines de travaux d'intérêt général. La contribution des directeurs interrégionaux et des directeurs d'établissement pénitentiaire aux réunions et groupes de travail s'est avérée plus qu'exceptionnelle, compte tenu d'une certaine frilosité de cette administration à paraître et intervenir en dehors des enceintes carcérales, mais aussi de la confiscation de fait de la représentation du secteur de la justice par les responsables des parquets, il est vrai, en lien plus direct avec les instances préfectorales et les polices régaliennes largement dominatrices en ce domaine, par-delà l'idéologie du partenariat, voire de la « coproduction ».

2.1.2.2 Réinsérer par l'évitement de la détention

La détention devrait normalement revêtir un caractère exceptionnel, en étant réservée aux faits de délinquance les plus graves et aux individus les plus dangereux. La pression de l'opinion publique n'en a pas moins pour effet, à partir de la médiatisation de certains faits divers, de produire en permanence un droit pénal purement réactif produisant inlassablement de nouvelles infractions souvent assorties de peines d'incarcération. Dans ces conditions, il n'y a guère qu'une application limitée de ces multiples opportunités de détention par le système judiciaire pour empêcher une inflation illimitée de la population carcérale. La surpopulation carcérale incite aussi à s'interroger, entre autres, sur la détention préventive et sur la durée des peines de détention, mais aussi sur l'opportunité de les remplacer, intégralement ou partiellement, par d'autres types de sanctions. Au regard des effets forcément néfastes de la détention, l'ambition de réinsertion a justifié l'introduction, au cours des dernières décennies, de tout un arsenal de dispositifs, qu'il s'agisse des alternatives aux poursuites pénales et à la détention provisoire, des peines alternatives à la prison et des dispositifs d'aménagement de peines. Dans l'absolu, il ne s'agit pas seulement d'éviter l'incarcération et la surpopulation carcérale, mais de proposer aux magistrats un éventail élargi de sanctions susceptibles de privilégier la logique de réinsertion.

Les alternatives aux poursuites, qui s'appliquent à des délits mineurs, relèvent de l'initiative du ministère public. Différents types de mesures permettent d'abord d'éviter d'avoir à engager des poursuites : le rappel à la loi, le stage de citoyenneté, l'orientation vers une structure sanitaire, sociale ou professionnelle, la régularisation de la situation, la réparation du dommage, la médiation et l'éloignement de l'auteur de l'infraction. Pour ce qui est ensuite de la composition pénale, il s'agit d'imposer, en cas d'infractions mineures (contravention ou délit inférieur à cinq ans de prison) et de reconnaissance des faits, certaines sanctions, comme l'amende, le dessaisissement au profit de l'État de la chose ayant servi ou destinée à commettre l'infraction ou qui en est le produit, la remise du véhicule et/ou du permis de conduire, la réalisation d'un travail non rémunéré au profit de la collectivité, ainsi que le suivi d'un stage de citoyenneté. Les alternatives à la détention provisoire, qui interviennent généralement sur décision du juge en charge de la détention, sont de deux types : le contrôle judiciaire et l'assignation à résidence avec surveillance électronique. La première alternative permet de ne pas incarcérer une personne poursuivie pour peu qu'elle respecte certaines obligations et interdictions, notamment des limitations de la liberté d'aller et venir (interdiction de sortir de certaines limites territoriales, de s'absenter de son domicile, de se rendre dans certains lieux déterminés, obligation de remettre son passeport, etc.), des mesures de surveillance (obligation de se rendre de façon périodique au commissariat de police ou à la brigade de gendarmerie, interdiction d'entrer en contact avec certaines personnes, etc.), un suivi médical (obligation de se soumettre à certaines mesures d'examens ou de soins), des garanties financières (obligation de payer une caution, de justifier d'une contribution aux charges familiales, etc.), ainsi que des interdictions (conduire un véhicule, détenir une arme, exercer certaines activités professionnelles ou sociales, etc.) et un hébergement dans un centre spécialisé (avec un accompagnement socio-éducatif notamment pour les mineurs). L'assignation à résidence avec surveillance électronique suppose, quant à elle, de demeurer dans un endroit déterminé (généralement le domicile), aux heures et jours fixés par le juge et de porter un bracelet électronique (relié à un dispositif placé dans le lieu de résidence, de sorte que si la personne quitte le lieu en dehors d'une autorisation, l'administration pénitentiaire est alertée). Ce dispositif, qui ne concerne qu'un nombre limité de condamnés, est largement critiqué car il peut avoir un double effet pervers : d'abord, il est souvent prononcé pour des personnes qui n'encouraient pas forcément de peines de détention ; ensuite, parce que son non-respect est susceptible d'entraîner une incarcération pour le reliquat de la peine (jusqu'à six mois).

Les peines alternatives à la prison sont prononcées par la juridiction de jugement. Il s'agit d'abord du travail d'intérêt général : la sanction implique l'exécution d'un travail non rémunéré au bénéfice d'une association ou d'un service public, pour entretenir le patrimoine, les espaces verts, effectuer des actes de solidarité, etc. Autre alternative à la prison : le sursis probatoire (qui a succédé, depuis mars 2020, au sursis avec mise à l'épreuve et à la contrainte pénale), qui suspend l'exécution de la totalité ou d'une partie de la peine prononcée (prison ou amende) et peut être révoqué en cas de non-respect des obligations et interdictions imposées au condamné ou en cas de nouvelle infraction. Enfin, une détention à domicile sous surveillance électronique peut également être prononcée : elle implique de rester à son domicile (ou un autre endroit) avec un bracelet électronique ; la personne peut n'être autorisée à sortir que le temps nécessaire à l'exercice d'une activité professionnelle, au suivi d'une formation ou d'un traitement médical, à la recherche d'un emploi, à la participation à la vie de famille ou à tout projet de réinsertion.

Les aménagements de peines sont décidés en cours de détention par le juge de l'application des peines. Le détenu peut d'abord faire l'objet d'un placement à l'extérieur : il bénéficie d'une prise en charge assurée par le secteur associatif habilité en partenariat avec l'administration pénitentiaire, avec une activité professionnelle et un hébergement, ainsi que le respect des obligations et interdictions du contrôle judiciaire. Autre aménagement de peines, le régime de semi-liberté conduit la personne condamnée à bénéficier d'un régime particulier de détention l'autorisant à quitter durant la journée son établissement pénitentiaire (le reste du temps le détenu est hébergé dans un centre de semi-liberté) afin d'exercer une activité professionnelle, de participer de manière essentielle à sa vie de famille, de suivre un traitement médical ou de s'investir dans tout autre projet d'insertion ou de réinsertion de nature à prévenir les risques de récidive. S'agissant ensuite de la libération conditionnelle, associée à un projet de réinsertion, la mesure permet au condamné ayant effectué au moins la moitié de sa peine une sortie anticipée encadrée, sous réserve d'en respecter les conditions durant un délai de mise à l'épreuve ; elle peut être aussi accordée en fonction de l'âge (pour les plus de 70 ans) et pour des raisons familiales. Enfin, la libération sous contrainte se traduit pour le détenu qui en bénéficie par la possibilité de purger la partie finale de sa peine hors de prison, avec l'obligation d'être suivi et contrôlé. Le juge de l'application des peines doit examiner le dossier du détenu qui remplit les conditions (présence de garanties de réinsertion, pas de risque de récidive, condamnation à une peine de prison de moins de cinq ans, exécution des deux tiers de la peine) et décider de le libérer sous contrainte ; il doit suivre le détenu libéré sous contrainte avec l'aide d'un conseiller pénitentiaire d'insertion et de probation. La loi pour la confiance dans l'institution judiciaire du 22 décembre 2021 a rendu le recours à la libération sous contrainte de droit pour les peines de prison inférieures à deux ans lorsque le reliquat à exécuter est inférieur à trois mois, mais elle exclut cependant les personnes privées de logement, c'est-à-dire les plus précaires si nombreux dans les prisons.

Tous ces dispositifs sont couramment utilisés dans la pratique pénale, mais donnent lieu à nombre de réserves et de critiques, dans un contexte de recrudescence de la violence et de l'insécurité, qui conduisent certains à considérer qu'ils peuvent encourager le sentiment d'impunité et donc la délinquance et la récidive. Au-delà de quelques études ponctuelles, il paraît difficile de s'opposer à ces objections du fait de la quasi-absence de données évaluatives, à la fois indépendantes, approfondies et longitudinales, permettant de mesurer l'efficacité de la chaîne pénale. Comme c'est le cas, plus largement, dans le domaine de la prévention, l'absence d'une authentique culture de l'évaluation porte préjudice aux politiques publiques menées, en ne permettant pas de disposer des indications permettant de conforter les dispositifs efficaces, mais aussi de réformer, voire d'abandonner ceux qui peuvent s'avérer défaillants. La question de l'exécution effective des peines de prison ferme donne ainsi lieu à débat sur fond de dénonciation d'un prétendu laxisme judiciaire stigmatisé tant au niveau du prononcé des peines que de leur exécution. Ainsi, sur la base d'une analyse des statistiques du ministère de la Justice pour les années 2016 à 2020, un organisme pratiquant un lobbying sécuritaire assumé (Institut pour la justice) a récemment contesté la réalité de l'exécution des peines de prison ferme, en avançant que, d'une part, 41 % des personnes condamnées à une peine de prison ferme ne seraient jamais incarcérées (leur peine étant généralement courte et aménagée d'emblée) et que, d'autre part, la durée moyenne d'exécution en détention se situerait seulement à hauteur de 62 % de la peine de prison ferme prononcée (Bauer, 2023). La situation endémique de surpopulation carcérale apparaît d'ailleurs, de manière pragmatique pour ne pas dire cynique, comme le principal facteur de développement de ces dispositifs souvent considérés, par les délinquants comme par l'opinion publique, comme un moyen commode d'échapper finalement à la prison par le cumul de la faiblesse des taux de déclaration par les victimes, d'élucidation par les forces de police, de condamnation à une peine de prison ferme et d'exécution effective et intégrale en détention des peines de prison ferme par l'institution judiciaire.

2.1.2.3 Réinsérer par l'assistance aux anciens détenus

Dès sa sortie de prison, le détenu libéré se voit remettre par l'administration pénitentiaire un « billet de sortie ». En principe, il a le droit de solliciter l'assistance du SPIP pendant six mois après sa sortie de prison, qui doit théoriquement s'assurer que le détenu libre dispose d'un hébergement et le moyen de s'y rendre, et dans un second temps, favoriser l'accès du détenu libre aux droits sociaux et aux dispositifs de réinsertion. Dans la réalité, il est bien difficile aux SPIP, par manque de moyens (seulement 5 600 agents pour environ 235 000 personnes placées sous main de justice), d'exercer cette mission de suivi, ce qui provoque souvent un sentiment d'abandon chez certains anciens détenus, d'autant plus fort qu'il survient après des mois, voire des années de prise en charge dans le cadre carcéral. Plusieurs organismes et associations viennent toutefois en aide aux détenus pour les aider dans leurs démarches et leur proposer un accompagnement personnel. Ainsi la Fondation de France propose-t-elle un logement en hôtel pendant trois mois et une aide matérielle aux anciens détenus dépourvus de ressources. Le détenu libre peut bénéficier de plusieurs aides financières. Tout d'abord, dès sa sortie, l'administration pénitentiaire doit s'assurer qu'il dispose d'assez de moyens financiers pour rejoindre l'adresse de l'hébergement indiqué dans son billet de sortie. Dans le cas où un détenu libéré est sans ressources, il a droit à une aide matérielle qui lui sera versée seulement pendant le temps jugé nécessaire pour rejoindre son nouveau lieu de vie. D'autres aides de droit commun sont possibles selon le profil du détenu, comme le revenu de solidarité active pour les plus de 25 ans et le contrat d'engagement jeune ou l'allocation parcours contractualisé d'accompagnement vers l'emploi et l'autonomie pour les 16-25 ans, pouvant aller jusqu'à 29 ans pour les personnes handicapées.

Dans la pratique, de nombreux anciens détenus n'accèdent pas à ces aides forcément provisoires destinées à un retour à l'emploi, par manque d'information et de capacité à effectuer les démarches nécessaires. Cette impossibilité d'assurer un suivi systématique des anciens détenus, alors même qu'ils présentent souvent les principaux facteurs de risque de récidive, est probablement l'un des obstacles majeurs à leur réinsertion. C'est dans cet objectif que, depuis mars 2022, le millier de bénévoles de l'Association nationale des visiteurs de prison peuvent désormais intervenir également pour le suivi des personnes sous main de justice en milieu ouvert, dans le cadre d'un sursis probatoire, d'un aménagement de peine ou d'un suivi sociojudiciaire.

2.2 Les dispositifs de la réinsertion carcérale

En dépit de la nécessité de cette approche globale, sociétale dc la réinsertion, la prison en demeure, au plan symbolique et matériel, le réceptacle privilégié, pour ne pas dire exclusif. Aussi la société est-elle en attente vis-à-vis de la prison de résultats concluants pour cette réinsertion carcérale qui intervient pourtant à la fois trop tardivement et trop précocement, et surtout de manière trop isolée, alors même qu'il ne s'agit pas forcément de sa mission prioritaire. Aussi, et par-delà ces réserves si fondamentales, depuis que la réinsertion a été érigée comme mission à part entière de l'administration pénitentiaire, cette dernière a développé, d'aucuns diraient bricolé, un certain nombre de dispositifs pour essayer de s'acquitter de cette mission, avec la conviction souvent d'être condamnée si ce n'est à des échecs inexorables, au moins à des réussites très relatives. En ce domaine également, la dimension contraignante qui domine la vie carcérale demeure bien présente. Ainsi, afin d'assurer la réinsertion des détenus, la loi pénitentiaire de 2009 (art. 27), puis le Code pénitentiaire de 2022 (art. L411-1) les soumet à une obligation d'activité « adaptée à son âge, à ses capacités, à sa personnalité et, le cas échéant, à son handicap » : toute personne condamnée est tenue d'exercer au moins une des activités suivantes : le travail, la formation professionnelle, l'enseignement, les activités éducatives, culturelles, socioculturelles, sportives et physiques. Ce principe est toutefois difficilement mis en œuvre dans les établissements pénitentiaires (en moyenne, les personnes détenues bénéficient de 3 à 4 heures d'activités par jour en semaine, moins d'une demi-heure le week-end, toutes activités confondues), particulièrement dans les maisons d'arrêt surpeuplées, avec des listes d'attente pour accéder à un travail, à un enseignement ou à une formation professionnelle, de sorte que la plupart des détenus passent en cellule jusqu'à 23 heures sur 24 à attendre l'heure de la promenade. De fait, l'attente, l'ennui et l'oisiveté sont largement répandus en prison malgré des activités visant plus, de manière pragmatique, à essayer d'occuper les détenus qu'à les préparer à une sortie sans délinquance.

2.2.1 Travailler en détention

Le travail a longtemps été considéré comme un châtiment faisant partie intégrante de la peine privative de liberté. Le Code pénal de 1810 indiquait ainsi que la pénibilité du travail devait être proportionnelle à la faute commise. Cette conception a inspiré le système des bagnes, des colonies pénitentiaires et des peines de travaux forcés. Ce n'est qu'après la Seconde Guerre mondiale que l'idée du travail comme contribution à la réinsertion émerge progressivement, même s'il faudra attendre 1972 pour que le lien entre travail et peine soit définitivement aboli. Depuis la loi du 22 juin 1987, l'objectif assigné au travail a été profondément modifié, le travail étant considéré désormais comme un gage de réinsertion sociale. À cet effet, le Code pénitentiaire de 2022, tout en rappelant que « les activités de travail sont prises en compte pour l'appréciation des efforts sérieux de réinsertion et de la bonne conduite des personnes détenues condamnées », précise que, « au sein des établissements pénitentiaires, toutes dispositions sont prises pour assurer une activité professionnelle aux personnes détenues qui en font la demande » (art. L412-1). Tout en contribuant à dégager quelques ressources financières pour subvenir à ses besoins en détention, voire pour se constituer un pécule pour la sortie, le travail représente, pour le détenu, une source de responsabilisation, permettant surtout d'occuper les longues journées de détention. Ainsi, le temps de travail apparaît-il, par-delà les contraintes qu'il impose, comme « désaliénant » par rapport au temps de la peine, en introduisant une dose de normalité et de responsabilité dans le cadre de vie contraint du détenu (Guilbaud, 2008 ; 2018).

Les détenus qui souhaitent travailler doivent demander à être « classés » par décision du directeur d'établissement, après examen par une commission. Ils peuvent d'abord être employés par l'administration pénitentiaire, soit au « service général » en participant au fonctionnement et à l'entretien de la prison (cuisine, blanchisserie, nettoyage, bibliothèque, plomberie, etc.), soit en atelier pour la régie industrielle des établissements pénitentiaires, gérée par le service de l'emploi pénitentiaire. Les ateliers de production sont principalement implantés dans des établissements pour peine et produisent des équipements pour les collectivités publiques ou des biens et services pour le secteur privé en sous-traitance (meubles, imprimerie, informatique, confection, mécanique générale, etc.). Les détenus peuvent ensuite travailler dans un atelier installé dans la prison ou en cellule pour des entreprises privées, concessionnaires de l'administration pénitentiaire ou titulaires des marchés de fonctionnement des établissements à gestion déléguée (cf. question 2). Ils réalisent le plus souvent un travail peu qualifié de montage, de pliage, d'assemblage ou encore de conditionnement.

Si l'intention du législateur était d'offrir à tous les détenus volontaires un travail en vue de leur réinsertion, l'activité en détention demeure limitée, dans un contexte de désindustrialisation et de chômage de masse, par la faiblesse des offres existantes, la configuration des locaux, les exigences de sécurité ainsi que, en maisons d'arrêt, par la surpopulation carcérale. En 2018, le taux d'activité rémunérée en prison représentait 28 %, un chiffre qui doit être pondéré car il inclut aussi les détenus rémunérés au titre de la formation professionnelle et d'un travail à l'extérieur.

Par ailleurs, jusqu'à présent, le législateur a refusé aux détenus le droit à un authentique contrat de travail. À la place, la loi pénitentiaire de 2009 avait prévu un acte d'engagement liant le détenu au directeur de l'établissement pénitentiaire, devenu le contrat d'emploi pénitentiaire depuis le 1er mai 2022. Outre le Contrôleur général des lieux de privation de libertés, de nombreux spécialistes et associations de défense des droits des détenus ont appelé à une évolution de la législation. En l'état, les détenus travailleurs ne sont pas protégés par le droit du travail et ne bénéficient pas de droits syndicaux. Quant à la rémunération du travail en détention, elle suscite également des critiques, les détenus n'ayant droit qu'à un minimum horaire individuel de rémunération qui, selon l'emploi exercé, aboutit à un salaire compris entre 20 et 45 % du SMIC.

2.2.2 Se former et faire du sport en détention

Comme en matière de travail, la formation professionnelle est définie comme un droit pour les détenus et l'administration est tenue à une obligation de moyens en vue de répondre à leurs demandes. Dans les faits, l'offre de formation varie considérablement selon les établissements pénitentiaires. Pour accéder à une formation, les détenus doivent, comme pour le travail, demander à être « classés ». Le taux d'abandon des détenus en cours de formation demeure relativement élevé. En 2018, la formation professionnelle a concerné seulement 14 % des détenus, notamment pour des actions de formation de base ou de remise à niveau (lutte contre l'illettrisme, français langue étrangère, etc.) et de pré-qualification (chantier école, adaptation à l'emploi, etc.). En application de la loi du 5 mars 2014, l'organisation et le financement de la formation professionnelle en prison sont confiés aux régions, qui établissent les plans de formation conjointement avec les directions interrégionales des services pénitentiaires. Depuis le 1er janvier 2020, une formation par l'apprentissage est mise en place de manière expérimentale, pour les détenus âgés de 29 ans au plus, qui peuvent bénéficier de ce mécanisme pour apprendre un métier en alternance et obtenir une certification, l'apprentissage se déroulant dans un centre de formation des apprentis qui peut être situé à l'intérieur ou à l'extérieur de la prison.

L'enseignement en milieu carcéral est assuré dans les établissements pénitentiaires par des enseignants (environ 600 enseignants spécialement affectés, renforcés par un millier de vacataires). Environ un quart des détenus adultes sont scolarisés à raison d'une moyenne de 6 heures par semaine.

Dans un référé du 22 mars 2016, la Cour des comptes a considéré que « si les efforts fournis pour élever le niveau éducatif (en prison) doivent être salués, le repérage de l'illettrisme ne progresse pas » (Cour des comptes, 2016, 5). L'enseignement en prison peut aussi se faire par correspondance, avec le Centre national d'enseignement à distance (Cned), le service d'enseignement universitaire à distance et l'association de professeurs bénévoles (Auxilia). Entre 1976 et 2018, une association (Genepi) est intervenue dans les établissements pénitentiaires, sous la forme d'étudiants participant bénévolement à des actions de formation au profit des personnes détenues.

Des activités culturelles et artistiques sont également proposées en détention, notamment sous la forme d'ateliers dans le domaine de l'écriture, du théâtre ou encore de la photographie, mais elles ne concernent qu'un nombre limité de détenus. Les établissements proposent également les services d'une médiathèque et les détenus doivent pouvoir y accéder régulièrement. Le sport, enfin, occupe une place importante en détention car il est souvent l'unique activité des détenus, en moyenne, d'une à trois heures par semaine. Chaque établissement organise ses propres activités (football, musculation, tennis de table, basket, etc.), sous la responsabilité de surveillants moniteurs de sport. Ces activités artistiques et culturelles, ainsi que la pratique du sport sont souvent contraintes et limitées pour diverses raisons liées à la configuration des bâtiments, à la surpopulation de l'établissement, au manque de personnels et aux problématiques de sécurité.

Face au constat de l'effectivité toute relative des dispositifs de réinsertion, s'est développée une critique persistante selon laquelle la prison est non seulement une institution inhumaine, mais aussi inefficace, alors qu'elle mobilise des moyens budgétaires aussi conséquents qu'insuffisants. De là à préconiser son abolition pure et simple, certains n'hésitent pas à franchir le pas, sans toutefois indiquer par quelles sanctions crédibles remplacer l'enfermement. Une chose est clairement établie : la prison ne doit pas être l'alpha et l'oméga de la sanction pénale, mais l'ultime recours pour les criminels les plus problématiques en termes de violence et de récidive, ceux qui d'ailleurs présentent le moins de perspectives de réinsertion. Pour autant, l'emprisonnement représente aujourd'hui encore la moitié des peines prononcées, même si, pour un tiers d'entre elles, le sursis dispense de l'incarcération.

En d'autres termes, tout en maintenant un objectif d'humanisation des conditions de détention et d'éradication de la surpopulation carcérale, le système social, par l'intermédiaire de ses représentants, doit s'interroger sur la raison d'être de la prison, ce qui passe, à l'évidence, par une révision à la baisse des attentes à l'égard de l'enfermement. La prison n'est probablement pas l'espace le plus opérant pour réinsérer des détenus pour la plupart déjà peu intégrés dans la société avant leur incarcération. Dans les esprits comme dans les réalisations, la mission de réinsertion devrait donc être clairement libérée de l'impasse carcérale dans laquelle elle a été trop longtemps maintenue. Elle ne peut être qu'une préoccupation partagée par l'ensemble des acteurs de la prévention, avec une mise en réseau des dispositifs mis en œuvre avant, pendant et après l'incarcération : un constat largement partagé mais pas vraiment suivi d'effets malgré les diverses préconisations formulées pour le concrétiser (Dulin, 2019). Pour autant, convient-il de ne pas éluder le nécessaire accroissement des moyens mis à la disposition de l'administration pénitentiaire, en particulier pour lui permettre de poursuivre l'expérimentation de dispositifs innovants de justice restaurative (comme les groupes de parole ou encore les rencontres détenus-victimes), mais aussi d'assurer un suivi plus effectif des personnes condamnées en détention et surtout en milieu ouvert, en agissant de manière plus systématique sur les problématiques de désocialisation, d'addiction et de troubles du comportement.

En somme, pour les gouvernants comme pour l'opinion publique, la mission de réinsertion ne devrait plus être pratiquement circonscrite à la prison et affectée exclusivement à l'administration pénitentiaire, charge alors pour cette dernière, et pour peu qu'on lui en donne les moyens, de concentrer ses efforts sur l'objectif plus réaliste d'optimiser le temps de détention pour favoriser le retour dans la vie sociale des personnes qui lui sont confiées. Afin de proposer un éclairage utile en ce domaine, la réinsertion doit aussi demeurer une préoccupation majeure pour les recherches en sciences sociales, en particulier, grâce à des enquêtes de terrain et à des comparaisons internationales, le décryptage des processus de récidive et de sortie de la délinquance ou encore l'évaluation des dispositifs mis en œuvre.

Question 2 :

La prison va-t-elle être privatisée ?

La montée en puissance du thème insécuritaire dans la société française a largement conditionné le développement du secteur de la sécurité privée, ce qui a donné lieu à de nombreux débats et controverses sur la légitimité de ce que certains ont considéré comme une remise en cause du monopole étatique. Se profilerait alors le spectre de « polices privées », voire, dans une approche plus euphémisée, de systèmes de « sécurité hybride » mélangeant les intérêts publics et particuliers dans un « *continuum* de sécurité nationale » (Farde, 2020), voire échappant à tout contrôle étatique dans le cadre d'une tendance à la « démonopolisation », à la « reféodalisation » des sociétés contemporaines. En réalité, au moins en France, il n'en est rien pour l'instant tant l'État a su maintenir le secteur marchand dans une position subsidiaire (1), comme c'est le cas dans les établissements pénitentiaires avec le dispositif de la gestion déléguée (2).

1. Une sécurité marchande subsidiaire

Cet appel au marché se justifie d'abord par un souci d'économie des ressources budgétaires conduisant, notamment à l'heure de la « révision générale des politiques publiques » (RGPP), rebaptisée depuis « modernisation de l'action publique » (MAP), la puissance publique à confier au secteur privé, à moindre coût, des activités de surveillance. Il permet également le transfert de tâches considérées comme « indues » et le redéploiement corrélatif de policiers, gendarmes et policiers municipaux vers des missions plus directement liées à la sécurité publique. Les efforts entrepris par le secteur et l'ébauche d'une professionnalisation et régulation ont également contribué à cette inscription du secteur privé dans les politiques publiques de sécurité.

En rendant obligatoire l'intégration du concept de sécurité dans certaines activités (urbanisme et construction, gardiennage et surveillance des immeubles, sécurité routière, manifestations sportives et culturelles, etc.), la loi d'orientation et de programmation relative à la sécurité (LOPS) du 21 janvier 1995 a imposé une intervention et un financement du secteur privé qui peut s'apparenter, par certains côtés, à une sorte de délégation de la mission préventive de police administrative. Le secteur privé est devenu un des acteurs principaux, avec les collectivités locales et notamment les communes et leurs regroupements, de cette « coproduction » de sécurité que l'État s'efforce de promouvoir à grand renfort de dispositifs partenariaux et d'incitations financières. La sécurité privée ne se limite pas à la surveillance de bâtiments et au transport de fonds pour participer aujourd'hui à la sécurité des transports, à la protection du patrimoine des collectivités locales ou encore au contrôle des foules lors des événements festifs et sportifs.

Le secteur a bénéficié de l'intrusion dans les politiques publiques de sécurité de cette idée de « sécurité globale », mais aussi de celles de « police de proximité » et de « prévention situationnelle », sur fond de diffusion d'une idéologie néolibérale préconisant un désinvestissement de l'État (Ocqueteau, 2004). Les entreprises de secteur privé, jusque-là simplement tolérées dans le domaine de la sécurité, ont été propulsées sur les devants de la scène, en tant que partenaires des dispositifs de prévention et de sécurisation susceptibles de prendre une part centrale dans les mesures destinées à améliorer la protection des victimes potentielles d'actes de délinquance (Aubertin et Latour, 2021). Dans les relations entre les polices étatiques et la sécurité privée, à la logique de méfiance et de concurrence qui prévalait jusqu'au début des années 1980 s'est substituée progressivement une logique de complémentarité et d'instrumentalisation.

Sur un plan général, cette immixtion de la logique du marché n'en demeure pas moins problématique dans la mesure où elle se traduit, par définition, par la prise en considération, par les entreprises et prestataires de sécurité, uniquement des intérêts particuliers et des demandes solvables, c'est-à-dire susceptibles de donner lieu au paiement du prix déterminé – par la loi de l'offre et de la demande – pour le service. Alors que la police est censée œuvrer gratuitement au service de la population, les services de sécurité privée agissent dans l'intérêt d'individus ou d'organismes particuliers, de telle sorte que le bénéficiaire de cette prestation de sécurité ne peut être que le commanditaire. La présence d'un vigile dans un magasin n'a pas pour fonction manifeste de faire respecter les lois de la société ou d'assurer la sécurité du public, mais d'empêcher le vol à l'étalage qui se traduit par une perte de chiffre d'affaires pour l'exploitant. Aussi ce développement de la sécurité privée peut-il être appréhendé comme une forme plus ou moins pernicieuse – sous couvert de libéralisme policé et de critique entendue sur l'impuissance de l'État – de retour en force de la loi du plus fort, c'est-à-dire de celui qui dispose des ressources financières lui permettant, indépendamment de toute action régalienne, de garantir sa propre sécurité. Le risque est donc de voir s'instaurer une sécurité à plusieurs vitesses en fonction des moyens que chaque individu ou chaque groupe peut y consacrer.

Pour autant, la sécurité privée demeure un secteur sous le contrôle de la puissance publique qui en est d'ailleurs le principal client, dans une logique principalement d'externalisation de la fonction à faible valeur ajoutée de surveillance des bâtiments. En effet, il ne s'agit pas vraiment d'un système de délégation de service public, voire d'une logique de coproduction ou de partenariat. En réalité, la privatisation de la sécurité constitue un simple appel à la sous-traitance pour des tâches de surveillance ne nécessitant pas, dans l'ensemble, de compétences particulières, ce qui permet de leur imposer un faible niveau de rémunération. D'ailleurs, sous réserve du secteur aéroportuaire dans lequel les agents de sécurité privée se sont vu reconnaître des prérogatives étendues en matière de contrôle des voyageurs, l'État maintient scrupuleusement la sécurité marchande dans une fonction subsidiaire, par-delà sa visibilité, en limitant à l'extrême son intervention dans l'espace public et sa possibilité de recourir à des moyens de contrainte.

Ainsi, si une jurisprudence administrative constante, depuis l'arrêt Ville de Castelnaudary rendu par le Conseil d'État le 17 juin 1932, a admis la possibilité, pour une commune, de déléguer à une société privée la surveillance et le gardiennage de ses installations et de ses bâtiments publics, elle exclut de cette délégation la surveillance de la voie publique. De même, alors que la LOPS de 1995 avait logiquement maintenu dans la sphère publique les dispositifs de vidéosurveillance opérant sur la voie publique, la d'orientation et de programmation pour la performance de la sécurité intérieure (LOPPSI) du 14 mars 2011 avait envisagé d'autoriser les opérateurs privés à installer des caméras pour scruter les abords de leurs bâtiments (après information des maires concernés, et dans des cas dépassant le cadre de la lutte contre le terrorisme), mais aussi à assurer la gestion des centres de surveillance urbaine (après agrément préfectoral des agents et des conventions, et sans pouvoir avoir accès aux enregistrements des images prises sur la voie publique). Ces deux dispositions ont été censurées par le Conseil constitutionnel, qui a considéré qu'il s'agissait là d'une remise en cause des prérogatives dévolues à la « force publique ».

2. La gestion déléguée des établissements pénitentiaires

La privatisation de la sécurité apparaît très relative dans les prisons françaises, avec le système de la « gestion déléguée ». La formule (appelée aussi « gestion mixte » ou, plus récemment, « partenariat public-privé ») trouve son origine à la fin des années 1980 dans un mouvement plus général de « modernisation des services publics », qui se traduit par l'externalisation de certaines tâches logistiques à d'autres acteurs publics et privés. Face à une situation de surpopulation carcérale, le ministre de la Justice, Albin Chalandon, décida la mise en œuvre d'un programme de construction de 13 000 nouvelles places. Il s'agissait également de rénover le parc pénitentiaire vétuste et de participer au réaménagement du territoire. La mise en concurrence avec un secteur privé potentiellement dynamique et innovant a été également considérée comme susceptible de redynamiser l'administration pénitentiaire. En dépit de la nécessité pour les entreprises privées de dégager des profits, cette privatisation n'en était pas moins le moyen, pour ses défenseurs, de réaliser d'importantes économies budgétaires par rapport à une gestion publique suspectée d'être peu efficace, sclérosée et dispendieuse. Pour ces nouveaux établissements, il envisageait de faire appel intégralement au secteur privé sur le modèle américain, ce qui a donné lieu à d'importantes controverses (Favard, 1987 ; Thibault, 1995), en particulier à la faveur du débat parlementaire.

La loi du 22 juin 1987 sur le service public pénitentiaire a légalisé la concession à des opérateurs publics ou privés à l'exception des fonctions de direction, de greffe et de surveillance, ce qui institue le principe de la « gestion déléguée ». Ainsi, dans le cadre du « programme 13 000 », lancé en 1989, la construction et le fonctionnement de vingt et un établissements vont relever de la « gestion déléguée ». Par la suite, à partir de 2001, un second marché devait porter sur vingt-sept établissements, pour le fonctionnement des vingt et un établissements précédents et la construction et le fonctionnement de six nouveaux établissements supplémentaires relevant du « programme 4 000 ». Plus récemment, dans le cadre du « partenariat public-privé », l'État a confié à des entreprises privées le financement, la conception, la construction et l'entretien d'une quinzaine de nouvelles prisons, en contrepartie du versement d'un loyer pour la durée (27 ans) du bail conclu avec l'opérateur privé (avec des taux d'intérêt entre 2 et 3 %). Au 1er janvier 2020, 71 établissements pénitentiaires (sur 187) fonctionnent avec des partenaires privés, la plupart pour l'ensemble des missions déléguées, les autres pour l'entretien-maintenance et/ou la restauration (Bouygues et Eiffage dominant le marché pour la conception/réalisation et Sodexo et Gepsa pour les autres fonctions).

Les marchés publics de gestion déléguée consistent en des contrats globaux de prestations multiservices et multitechniques couvrant, pour une durée aujourd'hui d'au moins huit années, de nombreuses prestations allant des fonctions d'intendance et de logistique au soutien à la mission de réinsertion. Pour les fonctions d'intendance et de logistique, il s'agit de la restauration (préparation, conditionnement et distribution de trois repas par jour, conformes aux lois et règlements en vigueur en matière de normes nutritionnelles, d'hygiène et de contrôle sanitaire), de l'hôtellerie-blanchisserie (dotation d'un trousseau à toutes les personnes détenues indigentes, entretien, renouvellement et lavage d'effets vestimentaires, d'effets de couchage et de linge hôtelier consentis aux personnes détenues), de la cantine (vente directe aux personnes détenues de produits et services, en complément de ce qui leur est fourni), de la maintenance (entretien des biens immobiliers, entretien et renouvellement des biens mobiliers, fourniture des énergies et des fluides), du nettoyage des locaux (supervision du nettoyage des installations et fourniture des produits d'entretien), du transport (mise à disposition, entretien et renouvellement d'un parc de véhicules pour assurer les liaisons administratives et le transport des personnes détenues). Pour les fonctions d'appui à la mission de réinsertion, il s'agit du travail pénitentiaire – proposition d'une activité rémunérée aux personnes détenues qui en font la demande, soit au titre du service général (activités nécessaires au fonctionnement courant de l'établissement, notamment les fonctions de restauration, hôtellerie-blanchisserie, cantine et maintenance), soit en ateliers de production – et de la formation professionnelle (proposition de formations individualisées dans le cadre de programmes de formation validés par l'administration pénitentiaire). Les contrats de « partenariat global », mis en place dans le cadre du « partenariat public-privé », intègrent, outre ces prestations, les opérations immobilières (construction, financement, maintenance des constructions).

Dans ce système, l'État mandate donc, par contrat, des entreprises prestataires pour effectuer, contre rémunération, des tâches relevant du service public, en se chargeant d'assurer le contrôle de leur exécution. Dans chaque établissement, une seule entreprise est chargée de coordonner l'intervention des autres entreprises réunies au sein d'un groupement, l'État rémunérant ce dernier au titre d'une prestation globale constituée d'une partie fixe (amortissements des équipements) et d'une partie variable (selon le nombre de jours de détention effectivement assurés). Dans le cas où les prestations ne sont pas atteintes, sur la base d'un contrôle assuré par la direction de l'établissement, des sanctions financières sont infligées au groupement. L'État peut également être pénalisé en cas de manquement à ses obligations, ce qui a été le cas dans les premiers contrats, dans lesquels étaient prévues des sanctions en cas de surpopulation des établissements. Ces pénalités ont disparu, l'État devant désormais simplement régler le surcoût induit, avec l'obligation de renégocier les contrats en cas de surpopulation supérieure à

150 %. La relation entre les deux partenaires demeure donc fondamentalement inégalitaire, l'État étant le seul à pouvoir modifier les contrats en cours d'exécution par l'ajout d'avenants étudiés et facturés par le prestataire (ces modifications ne pouvant cependant dépasser 15 ou 20 % du montant global du marché).

L'apport principal, sinon essentiel, de la gestion déléguée est d'avoir donné la possibilité à l'administration pénitentiaire de se recentrer sur ses missions régaliennes, voire de sécurité que sont la direction, le greffe et la surveillance, en se déchargeant sur le secteur privé de tâches périphériques. La gestion déléguée d'un établissement pénitentiaire présente officiellement plusieurs atouts : une qualité des services délivrés par le prestataire privé, qui dispose d'un réel savoir-faire, dont les coûts de main-d'œuvre sont moins importants (recours à des contractuels) et qui est susceptible de réaliser des économies d'échelle ; un patrimoine immobilier pénitentiaire qui bénéficie d'un entretien constant pendant la durée des marchés, ce maintien de la valeur patrimoniale venant pondérer le surcoût de fonctionnement ; une mise en place d'indicateurs de performance qui se généralise dans les marchés de gestion déléguée, ce qui permet, dans l'absolu, d'en optimiser le pilotage, en imposant pratiquement une obligation de résultat. Pour autant, en l'absence d'évaluation externe, il est difficile de se faire une opinion sur les avantages et inconvénients de ce système, ce qu'a souligné, il y a une quinzaine d'années, la Cour des comptes dans son rapport sur *Garde et réinsertion. La gestion des prisons* (2006). Il est malaisé d'évaluer l'impact de cette gestion déléguée sur les conditions de détention, la Cour des comptes ayant estimé que le système de gestion mixte était « *globalement satisfaisant du point de vue de la qualité de la prise en charge des détenus* », la coopération des partenaires privés avec les gestionnaires publics ayant été, selon elle, « *progressivement source d'enrichissement et de stimulation* » (Cour des comptes, 2006).

L'administration pénitentiaire a pu imposer aux prestataires privés des contraintes qu'elle ne s'applique pas à elle-même, ce qui a favorisé l'émergence de prestations de meilleure qualité. Ainsi, les prix des produits cantinés (pouvant être achetés par les détenus) sont, dans le cas de la gestion déléguée, fortement encadrés : ils ne peuvent dépasser les prix pratiqués dans l'hypermarché le plus proche, obligation que les établissements à gestion publique ne sont pas tenus de respecter. De même, en cas de non-satisfaction des obligations contractuelles en termes de travail pénitentiaire, du fait de la conjoncture économique et de la situation géographique d'un établissement, le prestataire privé est amené à verser des pénalités financières pouvant l'inciter à ne pas ménager ses efforts. La gestion des repas par le secteur privé semble également avoir permis une amélioration qualitative, avec des innovations telles que la systématisation du recours à des diététiciens lors de la conception des menus, la possibilité pour des opérateurs bien implantés dans la restauration de masse (hôpitaux et écoles) de négocier des prix plus compétitifs et l'encadrement des détenus affectés aux cuisines par des professionnels.

Cette introduction de partenaires privés dans le milieu pénitentiaire ne s'est pas accompagnée de polémiques importantes, dans la mesure où il ne s'agit que d'une privatisation partielle qui n'a pas donné lieu à des dysfonctionnements majeurs. Les principales critiques ont porté sur la fiabilité des constructions, la réalité des économies réalisées, voire le surcoût de la gestion déléguée (selon les estimations entre 10 et 50 %), ainsi que, de manière plus fondamentale, sur les risques liés à l'introduction de logiques de profit dans la prison et au désengagement de l'État. C'est probablement au niveau du travail pénitentiaire, coincé entre les contraintes de sécurité et les logiques de profit, que les effets paraissent les plus problématiques (Guilbaud, 2011). Même s'il n'a jamais véritablement été envisagé de confier au secteur privé les tâches de surveillance des détenus, les fonctions relevant de la gestion déléguée n'en sont pas moins en relation directe avec la mission principale de sécurité de l'administration pénitentiaire, de telle sorte que la privatisation même limitée ne peut se réduire à un simple aménagement pratique.

Question 3 :
L'administration pénitentiaire est-elle une force de sécurité intérieure ?

Nouvelle étape dans le long processus de la « réforme pénitentiaire » tendant à promouvoir un droit partagé et juridictionnalisé (Poncela, 2010), avec ses avancées notables en termes de droits des personnes détenues ou encore ses dispositions nouvelles en matière d'alternatives à la détention provisoire et d'aménagements de peine, la loi du 24 novembre 2009 dite « loi pénitentiaire » n'en oublie pas moins les personnels de l'administration chargée de l'emprisonnement. Elle s'insinue même dans le registre de leur identité professionnelle, en considérant que *« les personnels de surveillance de l'administration pénitentiaire constituent, sous l'autorité des personnels de direction, l'une des forces dont dispose l'État pour assurer la sécurité intérieure. Dans le cadre de leur mission de sécurité, ils veillent au respect de l'intégrité physique des personnes privées de liberté et participent à l'individualisation de leur peine ainsi qu'à leur réinsertion. (...) Ils ne doivent utiliser la force, le cas échéant en faisant usage d'une arme à feu, qu'en cas de légitime défense, de tentative d'évasion ou de résistance par la violence ou par inertie physique aux ordres donnés* » (art. 12).

Cette prise de position vient confirmer, d'une part, la césure au sein de l'administration pénitentiaire entre, d'un côté, les personnels de surveillance et de direction, de l'autre, les personnels d'insertion et de probation, d'autre part, l'intégration de la fonction de surveillance de l'administration pénitentiaire dans la production régalienne de sécurité. Aussi les agents mobilisés pour remplir cette fonction constituent-ils une force que la loi qualifie de « *sécurité intérieure* » : ils exercent une mission de sécurité, disposent de la faculté de recourir à la force et peuvent être amenés à participer à ce qui s'apparente à des tâches de maintien de l'ordre, le tout conjointement à leurs missions plus judiciaires de garde et de réinsertion. Si ce texte a pu apparaître, dans une première lecture, explicite, voire novateur, il est surtout significatif d'une difficulté bien compréhensible à qualifier, par-delà les pétitions de principe, ce qu'est précisément aujourd'hui l'administration pénitentiaire, à savoir une organisation hybride encore prisonnière des ambiguïtés de la prison (Combessie, 2018) malgré sa conversion à l'idéologie républicaine (Dieu et Mbanzoulou, 2010). Elle est à la fois un service de la justice en charge de l'exécution des peines et une composante de l'appareil de sécurité, avec une montée en puissance, au cours des dernières années, de ce second volet et une accentuation de sa dimension policière. Aussi est-il opportun de se pencher sur « ce que fait » en matière de sécurité (1) et de police (2) l'administration pénitentiaire, pour paraphraser le titre de l'ouvrage de Dominique Monjardet (Monjardet, 1996).

1. Administration pénitentiaire et sécurité

L'administration pénitentiaire présente donc deux facettes, l'une judiciaire, l'autre sécuritaire. Le rattachement désormais centenaire au ministère de la Justice (Dieu et Mbanzoulou, 2013) et les pouvoirs dévolus aux magistrats par le droit pénal et pénitentiaire expliquent la prépondérance principielle de la facette judiciaire. À maints égards, l'administration pénitentiaire est une composante à part entière, voire le bras armé du ministère de la Justice, ce que symbolise d'ailleurs, depuis une dizaine d'années, la prise en charge, par ses agents, de la sécurité du siège du ministère, Place Vendôme. Bien que relevant administrativement d'une direction spécifique directement rattachée au ministre, ses services et ses agents n'en sont pas moins juridiquement en situation de subordination à l'égard des magistrats, ce qui lui confère alors le positionnement pas toujours valorisant d'une administration d'exécution. La nomination récente (mars 2021) d'un directeur de l'administration pénitentiaire issu pour la première fois du personnel pénitentiaire (et non de la magistrature ou du corps préfectoral) constitue, à cet égard, une étape importante dans la reconnaissance, pour ne pas dire l'émancipation de cette institution. Elle n'entretient, par contre, aucune relation de subordination, au niveau central, avec le ministère de l'Intérieur et, au niveau local, avec le préfet, tant sur le plan organique que fonctionnel, sous réserve des prérogatives du représentant de l'État en matière de maintien de l'ordre et de contrôle (avec la présidence du conseil d'évaluation, qui a remplacé, depuis 2009, au niveau de chaque établissement, la commission de surveillance). La promotion, au cours des dernières années, de la facette sécuritaire ne semble pas remettre en cause l'appartenance de l'administration pénitentiaire à la « famille judiciaire ». Elle est plutôt de nature à faire mieux accepter une activité de sécurité pendant longtemps reléguée, en dépit de son importance sociale et institutionnelle, à la partie la moins noble du travail des surveillants pénitentiaires, voire à la face cachée de la prison.

1.1 Une composante de la force publique

Au plan de l'organisation politique de la société, la sécurité demeure, et sans même faire référence à la sempiternelle idée rousseauiste de contrat social, une priorité consubstantielle à l'action étatique. En se plaçant dans le domaine des droits fondamentaux de la personne, la sécurité s'impose, presque naturellement, comme une exigence dans toute société organisée, par référence à l'article 2 de la Déclaration des droits de l'homme et du citoyen du 26 août 1789 : « *Le but de toute association politique est la conservation des droits naturels et imprescriptibles de l'homme. Ces droits sont la liberté, la propriété, la sûreté et la résistance à l'oppression* ». Contrairement à ce qu'il est possible de lire çà et là, la « sûreté » n'est pas ici synonyme de « sécurité » : la sûreté exprime, plus exactement, une conception politico-juridique de la sécurité, puisqu'il s'agit de reconnaître la sécurité juridique du citoyen face au(x) pouvoir(s), ce qui se traduit, en matière de libertés publiques, par le droit pour chacun de n'être ni arrêté, ni détenu arbitrairement. En fait, la sécurité des personnes et des biens s'inscrit, plus largement, dans l'idée même de « *conservation des droits de l'homme* », qui suppose l'existence d'une « *force publique* », « *instituée pour l'avantage de tous* » (« *et non pour l'utilité particulière de ceux à qui elle est confiée* ») (art. 12 et 13).

En charge de « *défendre l'État contre les ennemis du dehors et assurer au-dedans le maintien de l'ordre et l'exécution des lois* » (art. 1er du titre IV de la constitution du 3 septembre 1791), la force publique conceptualisée par les révolutionnaires est une force manœuvrière et, comme le précise la loi du 15 juin 1791, « *essentiellement obéissante* », constituée alors par l'armée de ligne, la gendarmerie nationale et la garde nationale. Cette conception œcuménique et instrumentale ne devait disparaître qu'avec le transfert progressif des pouvoirs de police judiciaire aux policiers et gendarmes. Si le Code d'instruction criminelle de 1808 avait reconnu la qualité d'officier de police judiciaire (OPJ) aux officiers de gendarmerie et aux commissaires de police, les autres militaires de la gendarmerie et fonctionnaires de police ne se virent, quant à eux, octroyer la qualité d'agent de police judiciaire (APJ) qu'à partir de la mise en œuvre, en 1959, du Code de procédure pénale. Cette évolution a conduit à bouter hors de la force publique les forces armées (dont les personnels n'ont pas été investis de la qualité d'agent de la force publique), qui se voyaient dans le même temps déchargées de leurs tâches de maintien de l'ordre au profit de la gendarmerie (avec la mise en place, au début des années 1920, des pelotons mobiles de gendarmerie) et de la police (avec la création, à la Libération, des compagnies républicaines de sécurité). Dans sa définition actuelle plutôt restrictive, la force publique se présente, pour l'essentiel, comme une force fonctionnellement policière et organiquement partagée entre la police et la gendarmerie nationales.

Par extension, cette notion, qui a conservé une signification politique et juridique, peut intégrer toutes les administrations qui participent à la production régalienne de sécurité, comme les polices municipales, la douane et l'administration pénitentiaire, par-delà leur rattachement respectif aux communes, au ministère de l'Économie et des Finances et au ministère de la Justice. Par contre, dans sa décision relative à la loi du 14 mars 2011 d'orientation et de programmation pour la performance de la sécurité intérieure (LOPPSI), le Conseil constitutionnel a rappelé qu'elle ne pouvait s'appliquer à la participation du secteur privé en matière de sécurité, dans le cas notamment de la vidéosurveillance. Pour ce qui est de l'administration pénitentiaire, son rattachement à la force publique, en dépit de son caractère « naturel », a fait l'objet d'une indécision constante de la doctrine juridique (Froment, 1998), qui a pu tirer argument de certaines dispositions tendant à opérer une séparation avec les forces de police et de maintien de l'ordre. Ce n'est pas le cas en matière de respect des règles déontologiques, l'administration pénitentiaire relevant de la compétence, simultanément, du Contrôleur général des lieux de privation de liberté (qui est chargé, selon la loi du 30 octobre 2007, de « *contrôler les conditions de prise en charge et de transfèrement des personnes privées de liberté, afin de s'assurer du respect de leurs droits fondamentaux* »), mais aussi, comme tous les organismes publics et privés du domaine de la sécurité, de celle de la Commission nationale de la déontologie de la sécurité (CNDS), instituée par la loi du

6 juin 2000 et dont les activités ont été intégrées, depuis 2011, dans le Défenseur des droits, autorité constitutionnelle indépendante qui apparaît toutefois moins mobilisée sur les questions carcérales (l'administration pénitentiaire représentant quand même, en 2020, 14,3 % des saisines en matière de déontologie de la sécurité). En effet, la CNDS avait été amenée à formuler, dans ses différents rapports annuels, des observations et recommandations sur les questions, entre autres, de placement des détenus à l'isolement et au quartier disciplinaire, de fouilles, de prévention du suicide et d'accès aux soins, de protection des détenus vulnérables et d'usage de la force par les personnels de surveillance (CNDS, 2001-2010).

Sur un plan général, la sécurité peut se définir comme une situation dans laquelle un individu ou une collectivité a le sentiment d'être, plus ou moins objectivement, à l'abri d'un danger, d'une menace ou d'un risque. Elle peut-elle être appréhendée simultanément comme un objectif et un droit, comme un état et un produit, comme une fonction et un objet de politiques publiques. Il s'agit donc d'un concept applicable à de nombreux domaines : les relations entre les États (défense nationale), le crime (police), la nature et l'environnement (sécurité environnementale), la santé (sécurité sanitaire) et l'alimentation (sécurité alimentaire), la production et les échanges (sécurité économique), les entreprises (sécurité industrielle), les flux financiers (sécurité financière), le travail (hygiène et sécurité des conditions de travail), le transport (sécurité routière, sécurité ferroviaire, sécurité aérienne, sécurité maritime), les systèmes d'information (sécurité informatique), etc. Aussi la sécurité ne se limite-t-elle pas, loin s'en faut, au phénomène criminel même si bien souvent, dans le langage courant, il est fait une assimilation entre les deux phénomènes. Compétence régalienne parmi les compétences régaliennes, la sécurité a fait l'objet d'un processus de confiscation par l'État souverain, c'est-à-dire en charge du bien commun et détenteur du monopole de la contrainte physique légitime, par-delà le processus contemporain (néolibéral) de délégation croissante de la gestion pratique de l'insécurité aux entreprises privées. Érigée en une des missions premières du pouvoir politique institutionnalisé, la satisfaction du besoin de sécurité apparaît alors comme la justification immanente à l'adoption de réglementations et à la mise en œuvre de ces appareils de régulation sociale que sont l'administration en général, la police et la justice en particulier.

La loi du 21 janvier 1995 d'orientation et de programmation relative à la sécurité (LOPS) donne, dans son article premier, une définition purement régalienne de la sécurité, sur un plan à la fois formel et matériel : « *la sécurité est un droit fondamental et l'une des conditions de l'exercice des libertés individuelles et collectives. L'État a le devoir d'assurer la sécurité en veillant, sur l'ensemble du territoire de la République, à la défense des intérêts nationaux, au respect des lois, au maintien de la paix et de l'ordre public, à la protection des personnes et des biens* ». La sécurité s'apparente donc à un droit pour le citoyen dont l'État doit garantir l'effectivité. Cette idée consensuelle de « droit à la sécurité » ne relève pourtant que du domaine de la philosophie, du registre, en somme, des déclarations de principe emphatiques sans traduction matérielle. En effet, pour l'État, si la sécurité s'apparente à une mission fondamentale, il ne s'agit pas, pour lui, d'une obligation, au sens juridique du terme, que ce soit de moyens ou de résultats. Ainsi, contrairement au domaine du maintien de l'ordre, dans lequel l'État, sur la base de l'article 92 de la loi du 7 janvier 1983, est civilement responsable des dégâts et dommages résultant des crimes et délits commis contre des personnes ou des biens, il n'en est pas de même pour les actes plus courants de délinquance, pour lesquels la responsabilité de l'État n'a pas été retenue par la juridiction administrative. En d'autres termes, il appartient à ce dernier d'apporter des réponses préventives et répressives aux actes de délinquance, sans qu'il soit possible à l'individu victime d'un cambriolage ou d'une agression, de mettre en cause l'État pour son inaction ou son action insuffisante. Ainsi, pour son « droit à la sécurité », l'individu n'a d'autre ressource que de s'en remettre à l'État pour lequel il ne s'agit, au mieux, que d'une obligation morale diversement appréciée d'ailleurs.

Au-delà de son caractère éminemment virtuel, le droit à la sécurité a ainsi été le théâtre d'une divergence d'approche entre la gauche et la droite. Sous le gouvernement Jospin (1997-2002), la loi du 15 novembre 2001 relative à la sécurité quotidienne (LSQ) a quelque peu modifié, en effet, la définition retenue par la LOPS de 1995, en lui donnant une orientation plus sociale, témoignant peut-être de quelques velléités de résistance à l'idéologie sécuritaire dominante : « *la sécurité est un droit fondamental. Elle est une condition de l'exercice des libertés et de la réduction des inégalités. À ce titre, elle est un devoir pour l'État, qui veille sur l'ensemble du territoire de la République, à la protection des personnes et de leurs biens et des prérogatives de leur citoyenneté, à la défense de leurs institutions et des intérêts nationaux, au respect des lois, au maintien de la paix et de l'ordre publics* ». Par contre, avec l'alternance politique, la loi du 29 août 2002 d'orientation et de programmation relative à la sécurité intérieure (LOPSI) a repris dans son intégralité la définition initiale proposée par la LOPS. La loi du 18 mars 2003 pour la sécurité intérieure (LSI) réaffirme, pour sa part, le principe d'association des collectivités territoriales en matière de sécurité intérieure, en ajoutant un alinéa à cette définition : « *il (l'État) associe à la politique de sécurité, dans le cadre de dispositifs locaux dont la structure est définie par décret, les collectivités territoriales et les établissements publics de coopération intercommunale ainsi que les représentants des professions, des services et des associations confrontés aux manifestations de la délinquance ou œuvrant dans les domaines de la prévention, de la médiation, de la lutte contre l'exclusion ou de l'aide aux victimes* ». Depuis lors, cette définition régalienne de la sécurité n'a plus connu de vicissitudes, dans un contexte de persistance des problématiques et demandes de sécurité marqué, depuis 2015, par la réapparition brutale de la menace terroriste.

1.2 La troisième force de sécurité publique ?

Dans un souci de distinction par rapport au champ de la défense, cette notion polysémique de « sécurité » s'est vue utilement complétée par l'ajout de l'épithète « intérieure », cette « sécurité intérieure » se retrouvant, on l'a vu, mise en avant par la loi pénitentiaire. Cette notion, qui s'est imposée, au moins depuis le début des années 1990, dans les discours, sur l'agenda public et dans les réalisations, et qui s'est construite à partir d'une sorte de dichotomie : sécurité intérieure-sécurité extérieure, s'est développée, paradoxalement, à une époque de remise en cause — à la faveur de la diffusion de menaces transnationales comme le terrorisme et la criminalité organisée — de la frontière entre les problèmes militaires et policiers, certains propageant l'idée d'un obscurcissement tendanciel de cette frontière, d'une sorte de *continuum* entre la sécurité intérieure et extérieure. Cette perspective a été formalisée par le *Livre blanc sur la défense et la sécurité nationale* de 2008, avant d'être reprise dans celui de 2013, avec la mise en avant de la notion globalisante de « *stratégie de sécurité nationale* », dont l'objectif est « *de parer aux risques ou menaces susceptibles de porter atteinte à la vie de la nation* » : « *sa première finalité est de défendre la population et le territoire (...). La deuxième est d'assurer la contribution de la France à la sécurité européenne et internationale (...). La troisième finalité est de défendre les valeurs du pacte républicain qui lie tous les Français à l'État : les principes de la démocratie, en particulier les libertés individuelles et collectives, le respect de la dignité humaine, la solidarité et la justice* ». Cette « sécurité nationale » recouvre, selon les rédacteurs du *Livre blanc*, la politique de la défense, la politique de sécurité intérieure (« *pour tout ce qui ne relève pas de la sécurité quotidienne et individuelle des personnes et des biens* »), la politique de sécurité civile, ainsi que d'autres politiques publiques comme la politique étrangère et la politique économique. En d'autres termes, l'idée de « sécurité nationale » aboutit à scinder la sécurité intérieure en deux volets : la sécurité publique « ordinaire » qui conserve son autonomie et la sécurité publique « extraordinaire », en relation avec des menaces graves contre la souveraineté de l'État qui en constitue désormais une composante. La loi du 29 juillet 2009 relative à la programmation militaire pour les années 2009 à 2014 a entériné le caractère hégémonique de cette idée ambiguë de « sécurité nationale » : « *la stratégie de sécurité nationale a pour objet d'identifier l'ensemble des menaces et des risques susceptibles d'affecter la vie de la nation, notamment en ce qui concerne la protection de la population, l'intégrité du territoire et la permanence des institutions de la République, et de déterminer les réponses que les pouvoirs publics doivent y apporter* » (art. 5 modifiant l'art. 1111-1 du Code de la défense).

Le constat de l'absence d'étanchéité de la frontière entre la sécurité intérieure et extérieure ne peut conduire pour autant à une confusion, à une négation de la particularité de ce qui relève fondamentalement de l'un ou l'autre volet de la sécurité. La sécurité intérieure et la défense nationale constituent des domaines spécifiques d'intervention de la puissance publique par-delà, inévitablement, des points de convergence et des espaces de mutualisation qui ne concernent pas forcément les volets les plus fondamentaux, qui demeurent, pour la sécurité intérieure, la délinquance quotidienne prenant la forme de cambriolages ou de violences conjugales et, pour la défense nationale, la dissuasion nucléaire et la préparation et conduite d'une guerre, qu'elle soit conventionnelle ou asymétrique. Ainsi, la dimension internationale de certains problèmes de sécurité intérieure, comme la lutte contre les trafics de stupéfiants ou les réseaux d'immigration irrégulière, n'en fait pas pour autant d'authentiques problèmes de défense, c'est-à-dire des menaces contre la souveraineté de l'État. C'est le cas pour les formes de terrorisme séparatistes et révolutionnaires qui relèvent, pour leur traitement policier et pénal, d'une spécialisation du droit commun. De même, la participation croissante de la marine nationale à des missions de police en mer, en matière de sécurité des approches maritimes et de lutte contre la piraterie, se situe pleinement, même s'il s'agit de l'engagement de moyens militaires, dans le domaine de la sécurité intérieure, dans la mesure où il s'agit de s'opposer à des activités strictement criminelles. La participation de militaires à des opérations de sécurisation (plan « Vigipirate », opération « Sentinelle ») ou encore à des missions de secours ne fait pas de ces dernières des missions de défense militaire, mais résulte seulement de la mobilisation des moyens publics dans le cadre de ce que l'on appelait naguère la « défense civile ». À l'inverse, les opérations extérieures de restauration et de maintien de la paix relèvent fondamentalement d'une sécurité internationale ayant des implications en matière de défense, qu'il s'agisse d'assurer la stabilité de zones d'importance stratégique, de garantir la sécurité de ressortissants installés dans des pays en proie à la guerre civile, voire de mettre en œuvre, au nom d'une conception humaniste des relations internationales, le droit d'ingérence humanitaire.

À maints égards, l'ajout de l'épithète « intérieure » a permis de bâtir une notion opérante au plan de la catégorisation des menaces et des réponses. À l'inverse, l'approche globalisante aujourd'hui imposée par les gouvernants avec l'idée de « sécurité nationale » présente le risque de laisser entrevoir la possibilité de recourir à des moyens de défense forcément exceptionnels dans le cadre du traitement des problèmes de délinquance. Les épisodes de violences urbaines comme la lutte contre la criminalité organisée et le terrorisme supposent des réponses policières et judiciaires de droit commun fondées sur le principe selon lequel le « caillasseur » d'un véhicule de police, le proxénète originaire d'un pays de l'Est et le bagagiste islamiste préparant un attentat ne sont pas des « ennemis », mais des « délinquants » à interpeller par un usage limité de la force et qui bénéficient de la présomption d'innocence. Il en va d'ailleurs de la crédibilité des régimes démocratiques, mais aussi de leur intérêt à ne pas se laisser engager, dans le cadre d'une stratégie subversive, dans le cycle infernal de la répression. À trop considérer que la défense nationale et la sécurité intérieure constituent le même espace, on peut redouter qu'il devienne un jour évident de recourir, dans ces circonstances, à des moyens et procédés militaires, alors même que ces derniers ne présentent pas toujours toutes les garanties que l'on peut attendre en termes de respect de l'intégrité physique des personnes et de contrôle de l'autorité judiciaire.

La sécurité intérieure peut se décomposer en trois volets : la sécurité publique, qui recouvre les actions policières préventives et répressives menées contre les diverses formes de troubles à l'ordre public ; la sécurité privée, qui se rapporte aux mesures prises par les particuliers, individus ou entreprises, afin de contribuer à répondre, par un appel au marché, aux besoins de sécurité du système social ; la sécurité civile, qui rassemble les moyens mis en œuvre face aux accidents et catastrophes naturelles et technologiques. L'action de l'administration pénitentiaire se rattache, bien évidemment, principalement au premier volet, même si elle peut également être concernée par des mesures de sécurité civile, comme ce fut le cas lors des inondations dans le Var en juin 2010 ou encore en Charente-Maritime en février 2021, avec l'évacuation des détenus des maisons d'arrêt de Draguignan et de Saintes.

S'agissant de la sécurité privée, il s'agit d'un volet qui a été maintenu à la périphérie du champ pénitentiaire avec la formule des marchés publics de « gestion déléguée » développée depuis la fin des années 1980, même si des interactions peuvent exister entre la mission de sécurité et la logique du marché.

Sur un plan plus particulier, dans le vocabulaire policier, l'idée de sécurité intérieure est indissociable des projets de modernisation de la police nationale entrepris depuis le début des années 1980, dont elle est devenue le référent. Ainsi l'intitulé « sécurité intérieure » est-il apparu, en 1989, lors de la création de l'Institut des hautes études de la sécurité intérieure (IHESI), organisme du ministère de l'Intérieur qui s'est vu confier pour mission la formation des responsables des institutions de sécurité (grâce à un système de sessions nationales et régionales), ainsi que la réalisation et la diffusion d'études et de recherches commanditées sur les phénomènes policiers et les politiques de sécurité, avant de se voir attribuer, entre 1998 et 2002, des fonctions d'expertise et de conseil auprès des collectivités locales. La sécurité intérieure a bénéficié d'une sorte de consécration politique, avec, d'une part, la constitution, en mai 2002, dans le cadre du gouvernement Raffarin (mai 2002-juin 2005), d'un ministère de l'Intérieur, de la sécurité intérieure et des libertés locales (MISIL), avec comme principale disposition le placement sous sa responsabilité de l'emploi de la gendarmerie (décret du 15 mai 2002), d'autre part, l'adoption de la loi d'orientation et de programmation relative à la sécurité intérieure (LOPSI du 29 août 2002) et de la loi pour la sécurité intérieure (LSI du 18 mars 2003). Cette notion est réapparue ponctuellement à la faveur de la mise en place d'une médaille de la sécurité intérieure (2012), d'un Code de la sécurité intérieure (2012) ou encore, plus récemment, d'un *Livre blanc sur la sécurité intérieure* (2020).

Au plan de son utilisation politique, la sécurité intérieure a connu, depuis une quinzaine d'années, un certain recul au profit des notions de « sécurité globale » et de « sécurité nationale », ce qui s'est traduit par sa disparition dans l'organisation des départements ministériels, avec le retour de l'appellation de ministère de l'Intérieur, ainsi que par le changement d'intitulé de l'IHESI, devenu, en 2004, l'Institut national des hautes études de la sécurité (INHES), puis, en 2010, l'Institut national des hautes études de la sécurité et de la justice (INHESJ), jusqu'à sa transformation, en 2020, en Institut des hautes études du ministère de l'Intérieur (IHEMI). En matière de recherches et de productions doctrinales, la sécurité intérieure n'a guère connu d'engouement, même si elle a été retenue pour le *Traité de sécurité intérieure* publié il y a une douzaine d'années (avec une nouvelle édition parue plus récemment) (Cusson et Dupont, 2008 ; Cusson, Ribaux, Blais et Raynaud, 2019). Dans cet ouvrage, sous réserve d'une définition un peu vague (« *l'activité déployée par des professionnels de première ligne en vue de protéger leurs concitoyens contre les dangers associés à la vie en société* »), elle est d'ailleurs rapidement abandonnée au profit des notions d'« *activité de sécurité* » et d'« *action de sécurité* ». Les chercheurs utilisent généralement peu cette notion, sans se donner la peine de la définir, comme si elle allait de soi, voire de manière négative par opposition alors à la sécurité extérieure (Brodeur et Monjardet, 2003).

Sous réserve d'une participation à la sécurité nationale dans le cadre de la détention de personnes impliquées dans des faits de terrorisme ou suspectées de radicalisation, l'administration pénitentiaire s'inscrit naturellement, par sa mission de surveillance, dans le volet « ordinaire » de la sécurité publique, partie intégrante de la sécurité intérieure. La loi pénitentiaire de 2009 indiquait ainsi que le service public pénitentiaire participe « *à la prévention de la récidive et à la sécurité publique dans le respect des intérêts de la société, des droits des victimes et des droits des personnes détenues* » (art. 2). Ce constat vient, d'une certaine manière, justifier la reconnaissance de l'administration pénitentiaire comme la « *troisième force de sécurité publique* », même si cette expression, utilisée d'ailleurs par le Président Sarkozy lors de l'inauguration, le 13 septembre 2011, de l'établissement pénitentiaire sud-francilien, paraît peu judicieuse. En effet, elle implique une primauté des deux forces étatiques de police, la police et la gendarmerie, sans qu'il soit possible d'indiquer d'ailleurs qui est la première et qui est la deuxième, mais aussi induit une hiérarchisation par rapport à au moins deux autres institutions qui peuvent également prétendre à cette qualification, à savoir les douanes et les polices municipales. Par ailleurs, du côté du ministère de l'Intérieur, cette reconnaissance ne semble pas s'imposer comme une évidence, ce que souligne l'absence d'évocation de l'action de l'administration pénitentiaire dans le *Livre blanc sur la sécurité publique* (2011) et, une décennie plus tard, dans le *Livre blanc sur la sécurité intérieure* (2020). Dans le même ordre d'idées, elle n'est pas intégrée dans les « forces de sécurité intérieure » (FSI), expression couramment utilisée pour désigner les forces de police étatiques et municipales (Grosdidier, 2018). La production de sécurité et le maintien de l'ordre en prison débordent pourtant le cadre des établissements pénitentiaires pour participer à la mission globale de protection de la société, en maintenant cette dernière à l'abri des méfaits et violences susceptibles d'être commis par les personnes incarcérées et en garantissant l'exécution des sanctions pénales prononcées par la justice. Comme c'est le cas en matière de terrorisme, le renseignement collecté dans les établissements pénitentiaires peut aussi constituer une ressource importante pour les services d'investigation de la police et de la gendarmerie, par la mise en évidence des liens qu'entretiennent certains détenus « sensibles » et des incidents dans lesquels ils peuvent être impliqués (Scotto et Jauniaux, 2010).

La production de sécurité s'inscrit dans une dynamique partenariale qualifiée hâtivement de « coproduction ». La loi pénitentiaire de 2009 (dans son art. 3 devenu l'art. 2.1 depuis 2014) a introduit cette dimension dans la mise en œuvre du service public pénitentiaire : « *le service public pénitentiaire est assuré par l'administration pénitentiaire sous l'autorité du garde des sceaux, ministre de la Justice, avec le concours des autres services de l'État, des collectivités territoriales, des associations et d'autres personnes publiques et privées* ». Annoncée dans le Rapport Peyrefitte (1977) et initiée avec les conseils communaux et intercommunaux de prévention de la délinquance (1983), cette sécurité partenariale a donné lieu depuis à une multiplicité de dispositifs : contrats d'action et de prévention pour la sécurité dans la ville (1985), volet « prévention » des contrats de ville (1991), contrats locaux de sécurité (1997), conseils locaux et intercommunaux de sécurité et de prévention de la délinquance (2002), conseil départemental de prévention (2002), plan départemental de prévention (2007). Tout en ayant permis de promouvoir progressivement les logiques de travail en commun, ces dispositifs n'ont pas remis en cause, loin s'en faut, le rôle prépondérant de l'État et de son administration déconcentrée en matière de prévention et de sécurité (Dieu, 2016).

Dans le domaine judiciaire, l'orientation sécuritaire retenue a conduit à privilégier une omniprésence du procureur de la République aux côtés du préfet, aboutissant, de fait, à reléguer les autres acteurs du monde de la justice au niveau de ces personnalités qualifiées, mobilisées ou non selon les configurations relationnelles locales. Les différents rapports d'évaluation des contrats locaux de sécurité ont d'ailleurs souligné cette faible présence des magistrats du siège, notamment des juges d'application des peines (Dieu et Domingo, 2003), une situation qui a perduré ensuite au niveau des conseils locaux et intercommunaux de sécurité et de prévention de la délinquance. Il en est de même s'agissant de l'administration pénitentiaire ou encore de la protection judiciaire de la jeunesse, dont les représentants locaux ne sont que rarement associés aux réunions de ces instances locales. C'est manifestement le cas pour les directeurs d'établissements pénitentiaires, les services pénitentiaires d'insertion et de probation étant, quant à eux, parfois amenés à participer à des réunions et groupes de travail sur la prévention de la récidive et la mise en œuvre des travaux d'intérêt général (TIG). Aussi le partenariat qu'évoque la loi pénitentiaire semble correspondre principalement, au-delà de l'externalisation à d'autres administrations des missions d'éducation et de santé, aux relations conventionnelles qui peuvent exister avec les collectivités locales, pour la construction des nouveaux établissements, avec les entreprises privées dans le cadre de la gestion déléguée, ainsi qu'avec le tissu associatif pour les actions de réinsertion et d'aménagement de peines. La perspective de coproduction en matière de service public pénitentiaire, qui verrait, par exemple, des agents privés voire des fonctionnaires territoriaux participer à des missions de surveillance ou de transfert des détenus, demeure exclue sans ambiguïté par le droit comme par les mentalités, au profit d'un attachement sans concession à une conception purement régalienne. Après avoir été particulièrement dynamique dans les années 1990 et au début des années 2000, ce partenariat local connaît, depuis une quinzaine d'années, un certain essoufflement, voire une forme de léthargie du fait de l'absence d'impulsion manifeste de la part du pouvoir central.

2. Administration pénitentiaire et police

La mise en évidence de cette appartenance de l'administration pénitentiaire à la force publique et à l'appareil de sécurité publique est, en quelque sorte, le préalable à la reconnaissance de sa dimension policière, ce qui suppose alors de faire abstraction de ce que recouvre le terme de « police » dans le sens commun. Cette reconnaissance n'en est pas moins de nature à provoquer des réticences au sein même d'une administration pénitentiaire culturellement attachée, au moins au niveau de certains de ses cadres, à un ancrage judiciaire qui semble interdire toute allusion trop directe à cette dimension policière. C'est oublier d'ailleurs que les forces de police sont aussi ce qu'on peut appeler des « forces de justice ». En effet, elles relèvent de l'autorité judiciaire pour l'accomplissement des missions de police judiciaire, qui sont, on le sait, les plus sensibles en termes de libertés publiques, mais aussi au plan de la culture professionnelle et des représentations. Aussi police, gendarmerie et polices municipales sont-elles, à travers l'action de leurs agents, des auxiliaires de la justice, obéissant aux instructions données par les magistrats dans le cadre, il est vrai, d'une mécanique institutionnelle complexe de double subordination fonctionnelle. Il s'agit malgré tout d'un volet important de leur légitimation qui transforme, dans un État démocratique, l'exercice d'une fonction répressive en un service de la loi et de la justice, les magistrats ayant, par-delà leurs prérogatives en matière de direction des investigations judiciaires, une mission de contrôle des agissements coercitifs des agents. Force de justice, l'administration pénitentiaire est aussi, par certains de ses aspects, une force de police, tout comme la gendarmerie, force de police, peut être aussi une force de justice.

Il est vrai que le terme de « police », en dépit de sa redoutable banalité, fait l'objet d'une profonde méconnaissance, tout en étant devenu, pour certains, une avanie, un repoussoir. Aussi qualifier ainsi l'administration pénitentiaire pourrait être non seulement réducteur au regard de ses autres missions, voire même outrageant. La police pâtit, en effet, d'une image dégradée, en étant la victime principale d'un rapport à l'ordre ambivalent. C'est manifestement le cas pour la police nationale, la gendarmerie étant parvenue, quant à elle, à conserver un capital confiance qui s'explique par son insertion dans le tissu social, son identité militaire et la persistance de représentations populaires mettant en avant ses valeurs de légalisme et de dévouement.

2.1 Une contribution à la fonction policière

Le terme de police est aussi souvent appréhendé dans son sens organique, en faisant l'objet d'une assimilation à la police nationale. C'est également le cas pour la police judiciaire que l'on réduit souvent au service de police spécialisé dans la lutte contre la grande délinquance (direction centrale de la police judiciaire et ses structures locales que sont les services régionaux de police judiciaire). Compte tenu de cette assimilation, mais aussi dans l'espoir de protéger son caractère militaire, la gendarmerie s'est longtemps refusée à se considérer comme une force de police, tout en ayant également renoncé à utiliser l'expression de « police judiciaire » pour qualifier ses formations spécialisées au profit de la notion d'« unités de recherche » (sections de recherches au niveau régional et brigades de recherches au niveau des arrondissements) (Matelly, 2006). Il s'agit là d'une approche réductrice quand on sait que pendant longtemps le terme de « police » a eu une acception particulièrement large. Dès le XVe siècle, ce terme renvoie, en effet, à l'activité de l'État distincte de la justice, de la diplomatie et de la défense, qui vise à assurer le bon ordre, en particulier par la réglementation économique. Avec la construction et le renforcement de la puissance étatique, s'est développée, sous l'Ancien Régime, une « science de la police » visant, d'une part, à décrire les structures administratives et les règles de droit positif qui leur sont applicables, d'autre part, à rechercher les moyens destinés à assurer une bonne gestion des affaires publiques, comme, par exemple, le célèbre « *Traité de police* » de Nicolas de la Mare, commissaire du roi au Châtelet (1705-1710). Ce n'est qu'à partir du

XIXe siècle que le vocable « administration » va se substituer à celui de « police », qui se limitera au domaine de *« maintenir l'ordre public, la liberté, la propriété, la sûreté individuelle »* selon la formulation retenue par le Code de Brumaire an IV.

Appréhender l'administration pénitentiaire comme une force de police suppose de concevoir le terme dans son sens fonctionnel, la police désignant alors toute institution qui contribue, de manière permanente ou épisodique, à l'exercice de la fonction policière, à savoir « *la fonction dont sont investis certains membres d'un groupe pour, au nom de la collectivité, prévenir et réprimer la violation de certaines des règles qui régissent ce groupe, au besoin par des interventions coercitives faisant appel à l'usage de la force* » (Loubet del Bayle, 2016). Si la police n'est pas le seul appareil contribuant à la régulation sociale, sa particularité réside dans la possibilité qui lui est faite de recourir à la contrainte physique légitime, qui est, comme l'a montré Max Weber, la caractéristique première du pouvoir politique institutionnalisé. Cette approche fonctionnelle de la police correspond à ce que les Anglo-Saxons appellent le « *policing* », expression intraduisible en français, sauf peut-être à recourir à la notion d'« *action de sécurité* » (Cusson, 2019).

La question de l'utilisation de la contrainte, qu'évoque d'ailleurs la loi pénitentiaire, est au cœur de la définition fonctionnelle de la chose policière. La violence susceptible d'être utilisée par les surveillants pénitentiaires est, comme on l'a vu, une forme particulière de « violence policière » traduite normativement par la notion d'« usage de la force ». Il ne s'agit pas ici de réduire l'administration pénitentiaire à une force de police, mais de souligner sa participation à la fonction policière, qui s'exerce dans le champ particulier de la détention et de la fonction de surveillance. Par-delà les affirmations de principe sur sa mission de réinsertion et de suivi de la personne détenue, l'administration pénitentiaire, au moins pour ce qui est de ses personnels de surveillance (appellation sans équivoque pour ce qui est de leur tâche première), est principalement orientée vers la sécurité, avec comme mission primordiale de garder les détenus pour éviter les évasions et de maintenir l'ordre pour empêcher les mutineries. Cette primauté de la sécurité sur la réinsertion est exprimée sans ambages par la hiérarchisation établie dans le statut des personnels de surveillance. Ainsi le décret du 14 avril 2006 précise-t-il, dans une rédaction explicite, que ces derniers « *maintiennent l'ordre et la discipline, assurent la garde et la surveillance de la population pénale, et sont associés aux modalités d'exécution de la peine et aux actions préparant la réinsertion des personnes placées sous main de justice* ». La mission de sécurité de l'administration pénitentiaire comprend, au-delà de la contribution générale à la sécurité publique, une contribution particulière dans le cadre de ce que l'on peut appeler la « sécurité pénitentiaire ». Il s'agit alors de contrôler et de contenir la population carcérale, d'une part, en appliquant les décisions judiciaires d'enfermement et en essayant d'empêcher les évasions (sécurité externe), d'autre part, en limitant les manifestations individuelles et collectives de violence contre les personnels, entre les personnes détenues, ainsi que celles ayant un caractère suicidaire (sécurité interne). C'est d'ailleurs ce que la société demande en premier lieu à la prison, à savoir être un lieu d'enfermement étanche et pacifié pour ceux qui ont été mis au ban à raison de leur manquement aux règles du contrat social et de leur dangerosité. En dépit d'une attention croissante pour les questions de violences entre détenus ou encore de suicide en détention, ce que la société attend surtout de la prison c'est qu'elle parvienne à empêcher deux formes de transgression considérées comme inacceptables, à savoir l'évasion et la mutinerie. Quand un ou plusieurs détenus se font la belle ou se révoltent, le problème de sécurité déborde, en quelque sorte, de l'espace carcéral pour devenir un problème de sécurité publique susceptible d'avoir des conséquences dommageables pour le reste de la population.

L'administration pénitentiaire est alors l'instrument public garantissant, par une surveillance constante et rigoureuse, l'étanchéité et la maîtrise de ce confinement que nos sociétés démocratiques souhaitent régi par les principes de respect de la personne humaine. Elles n'en ont pas moins fait de la prison et de la sécurité ce que Georges Kellens a appelé « *un couple trop soudé* », en observant d'ailleurs que « *lorsqu'il est fait usage de la prison, l'une de ses raisons d'être : assurer la sécurité n'est pas nécessairement garanti si l'on se polarise sur cette fonction* » (Kellens, 2006). Pour ce faire, l'administration pénitentiaire impose des normes et des règles de discipline, comme ce fut le cas, pendant très longtemps, avec l'imposition du silence pour garantir une stricte discipline. Elle dispose également de moyens de surveillance incessants et intrusifs (miradors, caméras de vidéosurveillance, fouilles des cellules et des détenus, sondages des barreaux, rondes de jour et de nuit, comptages des détenus, vérifications de la correspondance et écoutes téléphoniques, etc.) et, le cas échéant, de la faculté de faire usage de la force. Ainsi le détenu se trouve-t-il privé de sa liberté d'aller et de venir, mais aussi d'autres droits fondamentaux, notamment celui à l'intimité et à la vie privée compte tenu de ce système de surveillance « total » au sens goffmanien, dont il est en permanence l'objet, qu'il soit dans sa cellule, lors des déplacements et des activités, avec sa famille au parloir, etc. Il n'y a guère que les espaces réservés aux soins médicaux, à la pratique religieuse et à la réception de la famille (unités de vie familiale) pour connaître une limitation de cette surveillance omniprésente dans les différents moments de la vie carcérale, notamment pour les « détenus particulièrement signalés » et ceux placés en « quartier disciplinaire » ou en « quartier d'isolement ». Pour les plus critiques, ce contrôle sécuritaire peut être assimilé à une forme de « viol », producteur de dégradation de l'image que les détenus ont d'eux-mêmes, en entraînant alors des tensions et des risques de violence au détriment des objectifs de réinsertion (Van de Bogaard, 2008). Il s'avère d'autant plus problématique qu'il s'applique non seulement à des détenus condamnés, mais aussi à des prévenus en attente de jugement, la loi pénitentiaire ayant renvoyé à un prochain texte législatif la définition d'un authentique service public de la détention provisoire (Péchillon, 2010). Cette surveillance se trouve prolongée par une nécessaire connaissance de la population pénale, par l'observation et par le dialogue, voire par la négociation et la participation des détenus, ce qui n'est pas sans présenter de réelles similitudes avec le travail policier traditionnel, voire avec les logiques de police de proximité. Le caractère central de cette mission de sécurité se reconnaît à plusieurs indicateurs (Chauvenet, Orlic et Benguigui, 1993) : d'abord, l'importance de la mission d'empêcher les évasions qui constituent potentiellement l'échec le plus manifeste de cette organisation et de sa stratégie sécuritaire ; ensuite, le volume des ressources utilisées pour la sécurité dans la construction et l'aménagement des établissements (la vingtaine d'évasions et de tentatives d'évasion par voie aérienne a ainsi conduit à mobiliser plusieurs millions d'euros pour l'installation de filins anti-hélicoptères) ; enfin, la persistance d'une structure hiérarchique et d'une discipline rendant effectives les capacités de contrôle et d'intervention en cas de crise. Cette exigence de sécurité, qui est le principal déterminant de l'architecture carcérale (Dieu et Mbanzoulou, 2011), présente des différences selon les établissements : plus réduite en centre de détention, elle est pratiquement maximale dans les maisons centrales, voire dans les maisons d'arrêt compte tenu alors de l'hétérogénéité de la population carcérale.

2.2 Une police pénitentiaire ?

La dimension policière de l'administration pénitentiaire, qui est liée à sa participation à la fonction policière, se retrouve logiquement au niveau de certains des aspects de son organisation. Le modèle d'organisation policière s'est largement diffusé, il est vrai, dans les autres administrations de sécurité, voire dans le secteur marchand avec l'essor de la sécurité privé. Cette diffusion s'explique principalement par une implication croissante de ces dernières dans la lutte contre la délinquance résultant de l'inscription sur l'agenda public de l'insécurité. Elle s'est traduite par un processus de « policiarisation », c'est-à-dire de renforcement de la dimension policière de certaines administrations hybrides comme la gendarmerie, la douane ou encore l'administration pénitentiaire. La gendarmerie connaît cette tendance, depuis au moins le début des années 1970, avec la montée en puissance de son activité de police judiciaire. Pour la douane, ce phénomène est perceptible au niveau de ses modes de contrôle, du renforcement des pouvoirs judiciaires de ses agents et de son implication dans la lutte contre les trafics de stupéfiants (Domingo, 2017). Cette policiarisation s'accompagne également d'une tendance à la militarisation qui traduit l'intégration, par les services de police, de certains des aspects matériels et symboliques de l'organisation militaire (Kraska, 2001 ; Balko, 2014), dans le cadre du développement d'un traitement plus agressif des formes les plus violentes de délinquance. Ces rapprochements entre police et armée sont d'autant plus manifestes que les forces armées sont également de plus en plus engagées dans des missions de police, notamment dans le cadre des opérations de maintien de la paix, de police internationale et de lutte contre le terrorisme, la criminalité organisée et la piraterie maritime.

Les emprunts de l'administration pénitentiaire au modèle policier militarisé se sont intensifiés au cours des dernières années (Benguigui, 2011), avec l'adoption, depuis la réforme statutaire de 2006 (décret du 14 avril 2006), de grades militaires (officiers : lieutenants, capitaines et commandant ; majors) et d'une répartition en trois corps (corps de direction ; corps de commandement ; corps d'encadrement et d'application) comme la police nationale. C'est également le cas avec l'adoption d'un uniforme de cérémonie pour les directeurs des services pénitentiaires et d'un uniforme de travail pour les personnels de surveillance sur le modèle des policiers et des gendarmes. Sur un plan tout aussi symbolique, on peut mentionner l'introduction de cérémonies de type militaire pour les prises de fonction des directeurs et pour les fins de promotion à l'École nationale d'administration pénitentiaire (ENAP), ainsi que la présence, depuis 2011, à l'occasion des célébrations du 14 juillet, d'un détachement de l'ENAP au défilé à Agen et, depuis 2016, d'un détachement de l'administration pénitentiaire sur les Champs-Élysées. La police n'est pas seulement la référence statutaire justifiant, au nom d'une parité de traitement, l'adoption de mesures améliorant la condition des personnels (comme le « 1/5e » en matière de retraite qui permet une bonification d'une année pour cinq années d'activité). Elle est une sorte de modèle susceptible d'inspirer certaines mesures à même de répondre à un besoin de reconnaissance et de considération de l'administration pénitentiaire. Face au constat de la difficulté de sa mission de réinsertion, le surveillant, transformé de plus en plus en « policier pénitentiaire », peut au moins avoir l'impression de contribuer à une mission de sécurité qui donne aux tâches souvent ingrates de surveillance si ce n'est une noblesse, au moins une utilité sociale élargie.

Comme c'est le cas pour les autres administrations de sécurité, cette « policiarisation » est la conséquence directe d'un accroissement de la demande sociale de sécurité, à l'origine, pour ces administrations et leurs personnels, de transformations organisationnelles, statutaires et culturelles.

Cette mutation se retrouve également au niveau de l'architecture institutionnelle. Ainsi, au niveau de la Direction de l'administration pénitentiaire, une sous-direction spécifique a été mise en place, en 2003, avec une appellation qui en dit long sur la diffusion du modèle policier militarisé : « état-major de sécurité « (EMS), que ne sera abandonnée qu'en 2016, avec l'adoption de la formulation plus neutre de « sous-direction de la sécurité ». À partir de 2005, les directions interrégionales des services pénitentiaires se sont également dotées d'un département de la sécurité et de la détention et, au niveau de chaque établissement, a été aussi désigné un référent sécurité. Sur un autre plan, la faculté donnée à l'administration pénitentiaire de pouvoir constituer, sur le modèle des armées, de la police et de la gendarmerie, une « réserve civile » (art. 17 à 21 de la loi pénitentiaire), à partir de volontaires retraités issus de ses corps, est aussi en lien avec cette montée en puissance de ses missions de sécurité. En effet, même si ces réservistes peuvent contribuer à des actions de formation des personnels, d'étude et de coopération internationale, mais aussi assister les personnels d'insertion et de probation, leur justification principale se situe dans la possibilité d'« *assurer des missions de renforcement de la sécurité relevant du ministère de la Justice* » (art.17). Le décret du 27 juin 2011 a fixé les modalités de mise en œuvre de cette réserve civile pénitentiaire (contrat d'un an renouvelable dans la limité de cinq ans, perception d'une indemnité et de frais de déplacement, port d'un uniforme de dotation et attribution d'une carte professionnelle de réserviste), qui n'a pas été intégrée toutefois, contrairement à celle de la police, dans le dispositif de la « garde nationale » mis en place en 2016, avec comme composante principale les réserves opérationnelles des armées et de la gendarmerie.

La policiarisation de l'administration pénitentiaire s'est traduite par la mise en place d'unités spécialisées en matière à la fois d'intervention, de transfèrement et de renseignement.

Le point de départ de ce mouvement se situe dans la constitution, à partir de 2003, des équipes régionales d'intervention et de sécurité (ERIS), consécutivement à des mutineries survenues dans plusieurs maisons centrales. Avec une formation assurée au départ par les unités spécialisées de la gendarmerie, les ERIS sont devenues le « GIGN de la pénitentiaire », avec une dizaine d'unités (dont trois disposent d'une équipe cynotechnique faisant intervenir des chiens de recherche d'explosifs, d'armes et de munitions, de stupéfiants et de billets) composées chacune, en moyenne, d'une trentaine de personnels issus du corps des surveillants pénitentiaires (cet effectif est porté à soixante agents pour les deux équipes opérant en région parisienne). La création des ERIS répondait toutefois à un besoin interne des établissements pénitentiaires afin de disposer des moyens d'intervenir dans les situations difficiles (mutineries, refus de réintégrer, opérations de fouilles systématiques, etc.) sans devoir forcément faire appel aux forces de police et de gendarmerie, ce qui est également le cas pour l'affectation d'agents pour assurer des missions de garde et de sécurité dans les établissements de soin accueillant des personnes détenues, notamment les unités hospitalières sécurisées interrégionales (UHSI) et les unités hospitalières spécialement aménagées (UHSA).

Une évolution considérable est intervenue par la suite, avec le transfert, depuis 2011, de la mission de réaliser les extractions et transfèrements des personnes détenues, justifié par la volonté de réduction des charges « indues » pesant sur les forces de police et de gendarmerie (Dieu, 2009). Pour ces dernières, l'abandon de ces missions n'est intervenu que par étapes et au prix d'un transfert de postes budgétaires (initialement estimé à 800 mais réévalué à 1 200 en 2013). Pour sa part, l'administration pénitentiaire a été amenée à former et constituer des unités spécialisées sous la forme de pôles de rattachement des extractions judiciaires (PREJ), en déployant sur la voie publique des agents armés pour assurer des missions de sécurité. Ces PREJ, qui sont placés sous l'autorité fonctionnelle et hiérarchique du directeur interrégional des services pénitentiaires, sont chargés d'exécuter les extractions et translations requises par l'autorité judiciaire. Ce transfert, qui est normalement achevé depuis le 1er septembre 2019, a consommé une partie importante des effectifs supplémentaires de personnels de surveillance (21 749 surveillants en 2002 à 28 561 en 2018, soit +31 %), dans un contexte, qui plus est, d'accroissement significatif de la population carcérale (55 879 détenues en 2002 pour 71 037 en 2018, soit +27 %). Cette extension des missions de sécurité a connu une étape significative depuis 2016. Afin d'augmenter la fréquence des fouilles sectorielles, de réaliser les opérations de contrôle décidées par le chef d'établissement, de soutenir les surveillants en cas de mouvement des détenus ou encore de participer à la résolution d'incidents, des équipes locales d'appui et de contrôle (ELAC) ont été implantées dans une vingtaine d'établissements (7 agents par établissement formés par les ERIS aux techniques d'intervention et aux opérations de sécurisation et d'accompagnement des mouvements). *Sur* la base d'un plan d'action pour la sécurité pénitentiaire et de lutte contre la radicalisation présenté le 25 octobre 2016, ces ELAC ont été remplacées par des équipes locales de sécurité pénitentiaire (ELSP), avec pour mission supplémentaire d'assurer les extractions judiciaires vicinales. Enfin, en 2019, il a été décidé de regrouper tous les moyens dédiés à la sécurité, avec la constitution des équipes de sécurité pénitentiaire (ESP), à partir des agents affectés dans les PREJ et les ELSP et ceux exerçant en milieu hospitalier (UHSI, UHSA). Il s'agit donc de constituer une unité de sécurité unique, destinée à assurer les extractions médicales et judiciaires, les autorisations de sortie sous escorte, les transferts administratifs, les translations judiciaires, ainsi que la sécurisation intérieure et périmétrique des établissements pénitentiaires.

Cette policiarisation s'est traduite enfin, avec la diffusion de la menace terroriste et des logiques de radicalisation, par le développement du renseignement pénitentiaire. Bien qu'il s'agisse d'une pratique ancienne, sa structuration n'est intervenue qu'à partir de la création, en 2003, d'un bureau du renseignement pénitentiaire, devenu, en 2017, le bureau central du renseignement pénitentiaire, puis, en 2019, le service national du renseignement pénitentiaire, intégré à la communauté du renseignement, avec un effectif d'une quarantaine d'agents s'appuyant sur un réseau implanté sur l'ensemble du territoire (les cellules interrégionales du renseignement pénitentiaire et les délégués locaux du renseignement pénitentiaire affectés dans les principaux établissements, avec des veilleurs informaticiens sur Internet, des équipements IMSI-catcheurs pour intercepter les communications mobiles et des binômes radicalisation). Sa mission principale concerne, bien évidemment, la prévention des évasions et le maintien du bon ordre et de la sécurité dans les établissements, mais aussi, plus largement, la prévention du terrorisme et des formes de criminalité, ce qui se traduit, localement, par la participation de ses agents aux réunions des services de renseignement organisées notamment à l'échelon préfectoral.

Cette montée en puissance de la fonction policière concerne principalement les personnels de surveillance, dont le cadre de travail a déjà été profondément bouleversé par l'intervention croissante d'une pluralité d'acteurs en détention (Chauvenet, Orlic et Benguigui, 1994). De même, le développement, au titre des aménagements de peines et des alternatives à la détention provisoire, du placement sous surveillance électronique (PSE), communément appelé « bracelet électronique » (qui concernait, au 1er mars 2020, 11 883 individus), a renforcé cette implication sécuritaire, les agents pénitentiaires opérant dans les unités en charge de cette forme de détention sans incarcération (pôles PSE) exerçant davantage une mission de contrôle de type policier qu'un véritable suivi socio-éducatif. Par certains côtés, ce phénomène n'épargne pas aussi les personnels d'insertion et de probation dont la fonction de contrôle et de probation semble devenir prépondérante, comme l'indique l'ajout, il y a une dizaine d'années, de l'épithète « pénitentiaire » dans les grades des agents, les directeurs d'insertion et de probation sont devenus des directeurs pénitentiaires d'insertion et de probation et les conseillers d'insertion et de probation, des conseillers pénitentiaires d'insertion et de probation (décret du 23 décembre 2010). La mission première de ces derniers se situe de plus en plus dans la prévention de la récidive, ce qui justifie le développement de dispositifs et d'outils criminologiques destinés à repérer et à traiter la dangerosité et le risque de récidive de personnes placées sous main de justice, notamment le programme de prévention de la récidive et le diagnostic à visée criminologique. Une sorte d'obligation de résultat semble peser sur la justice et l'administration pénitentiaire dans l'attribution de mesures d'aménagement de peines, susceptible d'aboutir à une mise en cause en cas de récidive d'un bénéficiaire d'une permission de sortir ou d'une libération conditionnelle. Au-delà, c'est bien la mission de sécurité de la société qui semble être privilégiée dans le cadre d'une mise en opposition avec celle de probation et de réinsertion, même si, on le sait, les deux missions supposent la mise en œuvre d'aménagements de peines afin de préparer le retour à la vie sociale et d'éviter les « sorties sèches ».

Cette activité policière, qui prolonge les missions traditionnelles de surveillance, demeure largement circonscrite au périmètre des établissements et à la catégorie particulière des personnes détenues (gestion des interventions, collecte de renseignements), les interventions à l'extérieur n'étant, en somme, que la continuation logique des missions principales dévolues à l'administration pénitentiaire, qu'il s'agisse d'assurer la garde des détenus malades, de permettre leur présentation aux magistrats ou bien alors de simplement étendre la mission de surveillance aux abords immédiats des établissements. Dans ces conditions, il est difficile de soutenir l'idée de mise en place empirique, presque en catimini d'une authentique « police pénitentiaire », cette notion étant d'ailleurs loin de faire consensus dans les rangs de l'administration pénitentiaire et notamment auprès des organisations syndicales des personnels. Si l'administration pénitentiaire peut être qualifiée objectivement de force policière, encore convient-il de souligner que sa participation à la fonction policière intervient dans un cadre doublement spécialisé, à la fois au plan de ses territoires d'intervention (les établissements pénitentiaires et leur extension sur la voie publique) et des personnes auxquelles elle est principalement destinée (les personnes détenues). Aussi, n'existe-t-il pas de logique de reconnaissance des éléments du statut policier aux agents pénitentiaires intervenant dans ces missions, notamment s'agissant des pouvoirs judiciaires et des conditions d'usage des armes. Qu'ils assurent la conduite de détenus qui doivent comparaître en justice ou recevoir des soins, qu'ils prennent en charge leur déplacement d'un établissement à un autre ou bien qu'ils soient sur la coursive ou dans un mirador dans leur établissement, les agents pénitentiaires ne disposent, en effet, d'aucune habilitation judiciaire, en dépit de certaines propositions tendant à instituer un statut spécifique d'officier de police judiciaire pénitentiaire (Herzog-Evans, 2018), comme c'est le cas d'ailleurs pour les douaniers. En matière d'usage des armes, ils demeurent cantonnés au cadre de la légitime défense, avec une extension s'agissant des tentatives d'évasion. Comme les policiers municipaux d'ailleurs, ils ont été exclus des dispositions de la loi du 28 février 2017 qui a déterminé un cadre unifié applicable aux policiers et aux gendarmes ainsi qu'aux douaniers et militaires déployés dans le cadre de l'opération « Sentinelle » (après sommations, ces agents peuvent ouvrir le feu, on l'a vu, dans des situations déterminées).

La montée en puissance de ce volet sécuritaire, policier de l'administration pénitentiaire, encore en voie d'assimilation et de reconnaissance, est-elle en contradiction avec son autre facette de service de la justice ? Et si c'est le cas, cette situation n'est-elle pas porteuse, à terme, d'un retour dans le giron du ministère de l'Intérieur, après plus d'un siècle de rattachement au ministère de la Justice ? Dans l'état actuel des choses, ces questions ne semblent pas vraiment se poser, au moins officiellement, tant il paraît admis, dans un régime démocratique, et en application du principe même de la séparation des pouvoirs, de maintenir le domaine de l'exécution des peines dans le registre du pouvoir judiciaire, en garantissant alors la coordination entre les politiques pénales et pénitentiaires qui avait justifié le rattachement opéré par le décret du 20 mars 1911. Sans remettre en cause l'importance croissante de la fonction de sécurité de l'administration pénitentiaire et sa dimension policière, il s'agit également, par cet ancrage judiciaire, de ménager la nécessité d'un développement de ses missions d'insertion dont l'importance sociale ne peut échapper à quiconque. La compatibilité entre ces dernières et celles de sécurité n'apparaît cependant pas comme une évidence, ce qui a d'ailleurs conduit au développement de deux entités statutaires différentes, avec des passerelles assez limitées entre ces deux univers professionnels. L'administration pénitentiaire semble donc condamnée à cette spécificité insaisissable, à cette hybridation contingente, à cet équilibre instable entre ces deux facettes, source de tensions et d'ambivalences.

Si le retour au ministère de l'Intérieur ne semble pas, à l'heure actuelle, une hypothèse crédible, l'administration pourrait toutefois bénéficier de la mise en œuvre du projet maintes fois évoqué de constitution d'un « grand ministère » de la sécurité, à la faveur d'une nouvelle donne politique. Détaché du ministère de l'Intérieur, qui conserverait ses autres missions en matière d'administration territoriale, de relations avec les collectivités locales, de libertés publiques et de cultes, ce ministère pourrait rassembler, sous une autorité politique et administrative unique, les forces policières étatiques, mais aussi ces autres composantes de l'appareil de sécurité que sont les douanes et l'administration pénitentiaire, pour peu que ces dernières se voient retranchées de leurs missions, pour la première, à caractère fiscal, pour la seconde, de réinsertion, qui demeureraient dans le périmètre des deux ministères de rattachement actuel. Lors de son passage Place Vendôme (2012-2016), Christiane Taubira avait d'ailleurs envisagé (2014) de déconnecter la fonction de réinsertion, qu'elle entendait promouvoir en créant une direction propre de l'exécution des peines distincte de celle de l'administration pénitentiaire, ce qui aurait alors réduit cette dernière à ses seules missions de sécurité. Ce rattachement de l'administration pénitentiaire à ce ministère de la sécurité aurait probablement pour effet d'encourager le mouvement de policiarisation, avec également des évolutions notables en matière statutaire (comme cela a été le cas pour leurs homologues de la police et de la gendarmerie), mais aussi au plan des activités missionnelles, avec une possible participation des agents des équipes de sécurité pénitentiaire, en cas de nécessité, et sans préjudice de leurs propres missions, au renforcement de la sécurité publique générale. À l'instar du recours à des patrouilles des forces armées en cas de menace terroriste, ils pourraient ainsi prendre part ponctuellement à la sécurité des lieux les plus sensibles.

Pour autant, en l'état, l'administration pénitentiaire continue d'être rattachée au ministère de la Justice, dont elle est la direction manifestement la moins valorisée. Aussi, dans l'attente de la constitution de ce « grand ministère » de la sécurité, la structuration et la promotion d'une identité professionnelle propre, à la fois judiciaire et policière, et surtout éloignée des comparaisons avec les autres forces de sécurité, apparaissent comme la priorité des priorités pour cette institution insuffisamment considérée. Elle n'a jamais été élevée au rang de priorité par des gouvernants peu soucieux de s'atteler non seulement à l'éradication de la surpopulation carcérale et à l'absence chronique de ressources pour la réinsertion, mais aussi à la nécessaire revalorisation de la condition des personnels pénitentiaires. Si la prison a pu être considérée comme la « *honte de la République* », l'administration pénitentiaire en est encore le serviteur délaissé. C'est dans cette perspective que les agents pénitentiaires ont pu accueillir, pour une fois avec satisfaction, les annonces faites par le garde des sceaux, le 21 février 2023, en vertu desquelles, au 1er janvier 2024, les surveillants accéderont à la catégorie B de la fonction publique et les officiers à la catégorie A, avec alors une revalorisation indiciaire et indemnitaire significative, le corps des surveillants devant être désormais ouvert aux titulaires du baccalauréat (et non plus du brevet des collèges) et un statut de « surveillant adjoint contractuel » (agent public âgé de 18 à 30 ans sous contrat de trois ans, une fois renouvelable) devant être créé pour aider les surveillants dans leurs missions quotidiennes, autant de mesures appréciables pour enfin reconnaître l'engagement de cette administration et de ses agents pour le service public.

Question 4 :
Comment est organisée l'administration pénitentiaire aux États-Unis ?

En de nombreux domaines, les États-Unis sont souvent dépeints comme un « modèle » susceptible d'être si ce n'est imité au moins cité en exemple. Même si la « vieille Europe » en est largement revenue de l'« *American way of life* », de ses errements au moins sociaux et environnementaux, subsiste encore une certaine fascination pour un système qui s'est répandu, pour ne pas dire imposé sur l'ensemble de la planète, par l'entremise du libéralisme attrayant et du consumérisme triomphant.

Ce n'est certainement pas le cas dans le domaine pénitentiaire, alors même que le pays à la bannière étoilée peut se targuer d'avoir inventé le modèle pénitencier, projet utopique de rééducation des criminels qui nous a légué, prosaïquement, l'emprisonnement comme peine punitive. Comme l'a souligné, il y a quelques années, un spécialiste de la question, Robert McCrie dans un article argumenté (McCrie, 2010), la prison au pays de l'Oncle Sam, qui se targue pourtant de placer la liberté au sommet de ses valeurs, se révèle être « *un échec retentissant* », avec comme symptôme effrayant un accroissement ininterrompu des incriminations, des condamnations et des incarcérations. Une idéologie radicalement punitive semble s'être emparée du système pénal américain, enclin à contester, plus ou moins consciemment, toute humanité au criminel incarcéré (Smith, 2009). Nombreux sont les ouvrages aux titres évocateurs, voire provocateurs ayant développé, notamment au début des années 2000 [1], une

---

[1] Cf. D. Garland, *Mass Imprisonment. Social Causes and Consequences,* Sage Publications, 2001 ; A. Esner, *Gates of Injustice: The Crisis in*

approche résolument critique de cette propension non maîtrisée à l'enfermement, en termes, bien évidemment, d'atteintes aux droits fondamentaux de la personne, mais aussi au regard des dizaines de milliards de dollars de crédits publics consentis annuellement à ce qui est devenu, à maints égards, pour paraphraser J.K. Galbraith, un « complexe carcéro-industriel » (« *Prison Industrial Complex* »).

Certains ont alors même avancé la thèse d'une vaste conspiration néolibérale prolongeant, en quelque sorte, la révolution conservatrice reaganienne du début des années 1980 et tendant à imposer, sur fond de guerre contre la drogue et le crime, un traitement pénal (carcéral) de la misère, voire de la question raciale (Wacquant, 2001). Le recours à des pratiques policières agressives, qualifiées comme à New York de « tolérance zéro » (Dieu, 2003), conjugué avec une répression accrue de nombreux délits et incivilités aurait alors permis une sorte d'« *invisibilisation des problèmes sociaux* », de « *criminalisation de la misère* », transformant la prison, déjà substitut de l'hôpital psychiatrique, en un espace de relégation pour les rebuts du système capitaliste (Wacquant, 2009).

America's Prisons, Prentice Hall, 2006 ; M. Gottschalk, *The Prison and the Gallows. The Politics of Mass Incarceration in America*, Cambridge University Press, 2006 ; M. J. Lynch, *Big prisons, Big Dreams. Crime and the Failure of America's Penal System*, Rutgers University Press, 2007 ; J. Austin et al., *Unlocking America : Why and How to Reduce America's Prison Population*, JFA Institute, 2007 ; T. Herivel, P. Wright (eds), *Prisons Profiteers : Who Makes Money from Mass Incarceration*, New Press, 2007 ; Ch. Parenti, *Lockdown America*, Verso Books, 2008 ; N. Berlatsky, *America's Prisons. Opposing Viewpoints*, New Edition, 2010 ; E. Drucker, *A Plague of Prisons: The Epidemiology of Mass Incarceration In America*, New Press, 2011 ; J. Kilgore, *Understanding Mass Incarceration*, The New Press, 2015 ; E. Hinton, *From the War on Poverty to the War on Crime: the Making of Mass Incarceration in America*, Harvard University Press, 2016 ; J. Pfaff, *The True Causes of Mass Incareation and How to Achieve Real Reform*, Basic Books, 2017.

1. *Jails* et *Prisons*

Sans souscrire à cette approche teintée, à l'évidence, de philosophie foucaldienne et d'idéologie marxiste, l'inflation carcérale ou incarcération de masse (*Mass Incarceration*) américaine a de quoi interpeller, au moins au regard de ses coûts sociaux et politiques, et ce malgré une légère baisse au cours des dernières années, soit 2 millions de personnes en 2022 (1,9 million en 2000 ; 2,3 millions en 2010) dont plus de 100 000 mineurs, auxquels il convient d'ajouter environ 5 millions de personnes en probation ou en libération conditionnelle. Les États-Unis représentent aujourd'hui environ 5 % de la population mondiale, mais emprisonnent à eux seuls près de 25 % de tous les détenus au monde (Bruner, Morgan, Morgan, Hylton, 2004 ; Vindevogel, 2020). Avec 629 détenus pour 100 000 habitants, le pays détient un taux d'incarcération pratiquement six fois supérieur à celui constaté en France où l'on s'inquiète légitimement de son accroissement au cours des dernières années. Un peu plus de 3 % des adultes américains sont sous le contrôle de la justice pénale, avec de grandes différences selon les communautés ethniques accréditant sa dimension discriminatoire (Alexander, 2010).

Si on ajoute à cela la persistance de la peine de mort dans la moitié des États (entre 1608 et 2020, environ 16 000 personnes exécutées, avec malgré tout une tendance générale à la diminution du nombre d'exécutions ces dernières années), des conditions de détention précaires qui s'étalent complaisamment dans les reportages (comme ceux mettant en scène, il y a quelques années, les frasques de Joe Arpaio, médiatique Sheriff de Maricopa County en Arizona, parquant sous la tente des détenus enchaînés aux pieds et vêtus d'un costume carcéral rose) et les nombreuses émissions de télévision exhibant détenus et surveillants (comme « *Lockup* », « *Lockdown* », « *Jail* », « *Hard Time* », « *La Vegas Jailhouse* » et « *Inside American Jail* »), des récits de violences en prison qui donnent aux séries « *Prison Break* » et « *Orange is the new black* » une impression de simple reportage, on n'est pas vraiment porté à considérer qu'il s'agisse là d'un modèle qu'il conviendrait d'introduire dans nos prisons françaises, et ce en dépit des problèmes endémiques de surpopulation et de vétusté qui ont conduit certains, probablement animés de bonnes intentions, à les caricaturer comme « *la honte de la République* ».

La prison aux États-Unis est une réalité complexe et imposante, avec pas moins de 5 000 établissements, dont plus d'un millier pour les mineurs, organisés selon cinq niveaux de sécurité (« *minimum* », « *medium* », « *high* », « *maximum* », « *supermax* »). Environ un dixième de ces établissements est géré intégralement par le secteur privé, la puissance publique, par le biais de « clauses d'occupation », s'étant engagée à ce qu'au moins 80 % des lits en détention soient occupés sous peine de pénalités. Les prisons relèvent à la fois du niveau fédéral (*Federal Bureau of Prisons*, une centaine d'établissements), des États fédérés (« *State prisons* ») et local (« *County facilities* »), les deux premiers échelons recevant les condamnés pour les crimes les plus graves (« *felony offenses* »), de telle sorte que la plupart des prisons sont, en fait, de la compétence de l'échelon local pour des prévenus et des condamnés à des délits mineurs (« *misdemeanor offenses* »). Ainsi, sur les 300 000 personnes employées par les *Sheriffs' Offices*, plus du tiers exercent leurs fonctions dans des prisons qui, lorsqu'elles accueillent des prévenus et des condamnés pour une durée inférieure à un an, sont qualifiées de « *jails* », qui s'apparentent ainsi aux maisons d'arrêt françaises.

Aussi, en dépit de tendances générales communes à l'ensemble du pays, il existe de grandes disparités selon les endroits où ces établissements sont implantés et en fonction de l'échelon politique auxquels ils relèvent, qu'il s'agisse, par exemple, d'une prison locale placée sous la responsabilité d'un shérif texan ou d'une prison fédérale de haute sécurité californienne. Il s'agit là d'un constat fondamental pour l'étude d'un système pénitentiaire développé sur un pays de la taille, il est vrai, d'un continent, qui ne peut s'appréhender que dans sa diversité, ce qui n'est pas chose aisée pour des observateurs européens, tout au moins français, formatés par l'observation d'une réalité rendue homogène par le triomphe de l'État unitaire et centralisateur. Ainsi, s'il est fondé de parler de la « prison française », par-delà les disparités existantes entre les établissements au regard de leur destination (maisons d'arrêt/établissements pour peines) et de l'état de leurs infrastructures, il paraît hasardeux de proposer une vision d'ensemble de ce qu'on pourrait appeler hâtivement la « prison américaine ». Ces différences d'échelle conduisent alors l'observateur tenté par une approche comparative à faire preuve de circonspection, en confrontant judicieusement, par exemple, la situation française à celle d'un État comme celui de New York (Kazemian et Andersson, 2012).

Cette hétérogénéité se retrouve, bien évidemment, au niveau de l'administration pénitentiaire (« *Correctional Administration* ») qui, contrairement à la France, n'obéit pas à un modèle unique, avec son histoire, son statut, ses personnels, son organisation hiérarchique et son école nationale. L'administration pénitentiaire américaine n'existe pas : ce qu'on peut observer ce sont des administrations pénitentiaires dans les différents États et contés. D'ailleurs, contrairement à notre pays, dans lequel certains chercheurs ont pu conduire des recherches sur l'administration pénitentiaire en tant qu'institution homogène (Chauvenet, Orlic et Benguigui, 1994 ; Froment, 1998), il n'existe pratiquement pas de travaux, aux États-Unis, ayant cette ambition, sous réserve de quelques passages généraux figurant parfois dans les ouvrages consacrés aux questions carcérales.

Les deux pays se rejoignent toutefois au niveau de la faible attention pour cet objet – l'administration pénitentiaire – alors même que la prison connaît un certain intérêt à la fois médiatique, mais aussi au plan de la recherche universitaire. Ainsi, les nombreux manuels sur la prison aux États-Unis (« *Corrections in America* » ou « *American Corrections* »), destinés aux étudiants des formations de « *Criminal Justice* », ne n'intéressent que modérément aux administrations pénitentiaires et à leurs agents, alors même qu'ils consacrent de multiples développements à la place de la prison dans le système criminel, l'explosion de la population carcérale, les droits des détenus, les programmes de construction et d'aménagement, les alternatives à l'incarcération, les femmes et les mineurs incarcérés, la situation des minorités, les effets de l'incarcération, la violence en prison, etc.

Pendant longtemps, les évocations de l'action des agents pénitentiaires empruntaient une approche résolument critique (Roucek, 1935), leur imputant une part de responsabilité importante dans les mauvaises conditions de détention, avec une certaine propension à se rendre coupables de mauvais traitements sur les détenus. Ainsi de nombreuses affaires ont mis en lumière les comportements humiliants et brutaux de certains surveillants, comme les violences et meurtres perpétrés, entre 1988 et 1995, au niveau de la prison de Corcoran (Californie) ou bien encore, au milieu des années 1990, dans l'établissement de haute sécurité de Florence (Colorado).

Ce n'est véritablement qu'avec les travaux de Gresham Sykes, à la fin des années 1950 (Sykes, 1958), que les agents pénitentiaires vont devenir un objet de recherche à part entière, avec la réalisation des premières études marquantes dans les années 1970 et 1980[1]. Quelques travaux publiés ensuite

[1] Cf. L. Carrol, *Hacks, Blacks, and Cons*, Lexington Books, 1974 ; J. Jacobs, H. G. Retsky, « Prison Guard », in R. G. Leger, J. R. Stratton (eds), *The Sociology of Corrections. A Book of Readings*, John Wiley and Sons, 1977, pp. 49-65 ; G. L. Webb, *Prison Guard : The Culture and Perspective of an Occupational Group*, Coker Books, 1978 ; J. Jacobs, « What Prison Guards Think: a Profile of the Illinois Force », *Crime and Delinquency*, n°20, 1978, pp. 185-195 ; B. Crouch, « The Guard in a

peuvent permettre de saisir certains éléments pouvant renseigner, dans une première approche, sur la situation de ces hommes et de ces femmes en charge de faire fonctionner les prisons américaines[1].

2. *Prison Guards* et *Correctional Officers*

Aux États-Unis comme ailleurs, les surveillants ne sont pas simplement les agents en charge d'exécuter les missions de surveillance et de réinsertion qui leur sont confiées par la Justice ; ils sont avant tout des travailleurs qui, d'une certaine manière, sont emprisonnés pendant leur temps de travail (« *Doing Time Eight to Five* »), de telle sorte qu'ils sont autant si ce n'est plus sous le joug de la prison (« *prisonized* ») que les détenus eux-mêmes. Ainsi, un surveillant américain qui travaille 25 ans avant sa retraite, soit 2 080 heures par an (52 semaines de 40 heures), aura passé 52 000 heures en prison, soit 6 années entières de sa vie derrière les barreaux (« *Behind Bars* »).

Changing Prison World », in *The Keepers: Prison Guards and Contemporary Corrections*, Charles C. Thomas, 1980, pp. 5-45 ; L. Lombardo, *Guards Imprisoned,* Elsevier, 1981 (rééd. *Guards Imprisoned. Correctional Officers at Work*, Anderson Publishing Company, 1989) ; R. Ross, *Prison Guard, Correctional Officer: The Use and Abuse of Human Resources in Prison*, Butterworth, 1981.

[1] Cf. S. Stojkovic, M. A. Karkas, *Correctional Leadership. A Cultural Perspective,* Thomson Wadswort, 2003 : « Correctional Officers and their Culture », pp. 57-77 ; J. Pollock, *Prisons and Prison Life. Costs and Consequence*, Roxbury Publishing Company, 2004 : « Doing Time Eight to Five », pp. 215-252 ; S. P. Walters, T. Caywood, *Correctional Officers in America: The Emerge of a New Profession*, Edwin Mellen Press, 2006 ; J. Pollock (ed), *Prisons. Today and Tomorrow*, Jones and Bartlett Publishers, 2006 : « Correctional Staff and Management », pp. 197-225 ; C. Banks, *Criminal Justice Ethics. Theory and Practice*, Sage, 2009 : « Ethics in Corrections », pp. 161-217.

En dépit de son utilité sociale évidente, le surveillant ne bénéficie pas forcément d'une image positive dans l'opinion publique. Le cinéma et la télévision l'ont souvent mis en scène sous les traits de brutes épaisses et violentes comme dans « *Inside the Walls of Folsom Prison* » (1951), « *Brubaker* » (1980), « *Shawshank Redemption* » (1994) et « *Sleepers* » (1996). Nombreux sont ainsi les surnoms peu flatteurs utilisés pour ceux que nous appelons vulgairement, de l'autre côté de l'Atlantique, les « matons » : « *Hacks* », « *Screws* », « *Turnkeys* », « *Keepers* », « *Guards* », « *Bossman* », « *Bosslady* ». L'*American Correctional Association* (ACA) a préconisé, en 1993, l'abandon du terme de « *Prison Guard* » jusque-là utilisé au profit de celui de « *Correctional Officer* » (CO), un conflit terminologique, sur fond de « politiquement correct », qui rappelle celui, plus hexagonal, entre « gardiens de prison » et « surveillants pénitentiaires », même si cette dernière appellation demeure encore trop restrictive au regard de l'étendue de leurs missions.

Au-delà de sa dimension symbolique, ce changement d'appellation trouve sa justification dans une évolution des missions des CO, dans le sens d'une professionnalisation (accroissement des exigences en matière de recrutement et de formation, renforcement des contrôles et amélioration du management) (Josi et Sechrest, 1998), de par la conjonction de trois facteurs : la nécessité d'une plus grande implication dans la réinsertion des détenus qui a fait que les CO ne pouvaient se limiter à des « porteurs de clefs » (« *lock and unlock doors* ») ; l'accroissement de la population carcérale, avec un nombre croissant de détenus concernés par des problèmes de drogue ; les progrès de l'État de droit dans les prisons et de la croyance selon laquelle : « *The Courts rule the prison* » (Crouch, 1995).

Il y a quelques années le nombre de personnels pénitentiaires avait été estimé à hauteur de 220 000 pour les personnels de surveillance (« *line CO* ») et de 260 000 pour les cadres et personnels administratifs (« *uniformed staff* »). Au plan de l'organisation hiérarchique en vigueur dans la plupart des établissements, on retrouve généralement la chaîne de commandement suivante : le directeur (« *warden* ») ; les directeurs-adjoints (« *assistant wardens* » : un « *Operations* » ; un « *Programs* ») ; un chef de détention (« *security supervisor* ») ; des surveillants gradés : un commandant (« *major* »), des capitaines (« *captains* »), des lieutenants (« *lieutenants* »), des premiers surveillants (« *sergeants* »), des surveillants (« *correctional officers* » I, II et III) et des surveillants stagiaires (« *officer trainees* »). Les prisons comptent également des psychologues et conseillers, des agents administratifs, ainsi que des personnels en charge des soins médicaux et de l'éducation. Il s'agit d'une profession largement syndiquée, les deux tiers des CO étant affiliés à une organisation professionnelle. Jusqu'à la fin des années 1970, les CO étaient le plus souvent des hommes blancs. Les choses ont depuis évolué, avec une proportion plus importante de femmes (environ le quart) et de personnes issues de la communauté afro-américaine et hispanique (plus du tiers). Au début des années 1980, diverses recherches ont montré l'importance de présence de femmes CO en termes de pacification de la détention (Morton, 1981), cette ouverture à la féminisation ayant fait l'objet, au pays des « *Gender Studies* », d'une attention particulière, notamment avec les travaux précurseurs de Lynn E. Zimmer (Zimmer, 1986 ; 1987). Pour autant, et comme c'est le cas d'ailleurs pour les policiers, persiste invariablement une sorte de « fossé ethnique », producteur d'incompréhensions, de préjugés et de tensions, entre, d'un côté, des détenus appartenant largement aux « *minorités ethniques visibles* », et de l'autre, des surveillants majoritairement « *caucasiens* ».

Les centres de formation sont d'apparition récente. Pendant très longtemps, la formation se faisait sur le terrain, en se limitant pour ainsi dire à la remise de clefs (Levison,

1982). Ce n'est qu'à la fin des années 1970 que l'ACA a défini le cadre de la formation minimale des agents pénitentiaires : au moins 120 heures dans une académie « paramilitaire », volume qui devait atteindre les 229 à la fin des années 1990. Selon les États, la formation dure aujourd'hui de 6 (Texas) à 16 semaines (Californie) (Ducan, 2008), ce qui demeure bien en deçà de ce qu'on observe dans les pays européens. Par ailleurs, elle ne concerne pratiquement que les CO, les postes de direction relevant d'une nomination par l'échelon politique en charge de l'établissement et ne bénéficiant pas de dispositifs particuliers de formation initiale. La formation des CO doit remplir trois objectifs : la préparation pour faire face à tout un éventail de situations ; le moyen d'améliorer l'efficacité et la productivité ; la promotion de la cohésion et de la coopération (Josi et Sechreste, 1998). Les cours les plus fréquemment dispensés sont les suivants : usage des armes (97 %), hébergement et fouilles (93 %), lutte contre la contrebande (92 %), rédaction des rapports (88 %), droit pénitentiaire (85 %), self-défense (84 %), clefs et contrôle d'accès (78 %), sécurité générale (68 %), émeutes (67 %) et secourisme (66 %) (Champion, 2005). Dans l'ensemble, la formation s'avère toutefois singulièrement limitée s'agissant des problèmes de santé mentale et de psychiatrie (Kupers, 1999). Ainsi, dans l'État de New York, qui emploie environ 30 000 agents pénitentiaires (*New York State Department of Correctional Services*), soit autant que l'administration pénitentiaire française, 1 400 CO recrutés chaque année sont formés (en 320 heures) dans une académie située à Albany, une dizaine de centres étant ensuite mobilisés pour la formation continue (Olsen, 2005).

Une recherche menée auprès de personnels en formation a permis de les répartir en trois catégories : les « *end of the liners* » (ceux qui n'ont pas d'autres choix du fait du chômage ou de circonstances familiales) ; les « *in the blood* » (ceux qui ont les mêmes contraintes mais avec en plus une aptitude particulière, voire un penchant naturel pour ce métier) ; les « *former law enforcement* » (ceux ayant eu des expériences antérieures dans l'armée, la police ou une autre administration pénitentiaire pour lesquels il s'agit d'un moyen de poursuivre leur carrière dans les métiers de la sécurité) (Cheeseman, 2004).

En matière de recrutement, les exigences varient selon les États : en règle générale pour devenir CO, il faut avoir au moins 18 ou 21 ans, être titulaire d'un diplôme de fin d'enseignement secondaire, n'avoir pas fait l'objet de condamnations criminelles et pour infractions en matière de stupéfiants et de violences domestiques et disposer de l'aptitude physique nécessaire. Un quart des États a recours à des tests psychologiques et les trois quarts à des examens écrits d'admission assortis d'épreuves physiques.

Après la formation en académie, les nouveaux CO sont suivis, dans la plupart des États, par des tuteurs (« *field-training officers* ») qui ont pour mission de poursuivre la formation théorique en leur faisant profiter de leurs expériences, de manière à transformer le « *rookie* » en « *con-wise* » (expression qui traduit l'acquisition d'une certaine maturité face aux détenus) (Weeb et Morris, 2002).

3. Profession et subculture

Les recherches sociologiques se sont concentrées sur trois principaux aspects : le travail des surveillants, la subculture pénitentiaire et la question du stress chez les agents.

Plusieurs idéauxtypes de CO se dégagent : le « *custodian* » : autorité coercitive et distance avec les détenus ; le « *human service officer* » : fonction sécuritaire assumée mais avec une considération pour les détenus ; le « *functionary* » : exécution du travail demandé sans investissement personnel ; le « *burnout* » : faible confiance envers les détenus comme l'administration. Une typologie des CO, qui les classe selon cinq types de comportements, fait généralement consensus : le « *rule enforcer* » (43 %) : inflexible sur la discipline et avec un fort esprit de corps ; le « *hard liner* » (14 %) : dur et agressif ; le « *people worker* » (22 %) : souple, sociable et dévoué ; le « *synthetic officer* » (14 %) : synthèse des deux types précédents ; le « *loner* » : même type que le précédent mais avec la motivation en moins ; auxquels il convient d'ajouter trois types plus « résiduels » : le « *lax officer* » : passif, apathique et timide ; le « *officer friendly* » : proche et complaisant envers les détenus ; le « *wishy-washy types* » : inconsistant et versatile (Farkas, 2009).

Le pouvoir du CO repose sur cinq fondements : la légitimité (« *legitimate power* ») : son positionnement social lui permet d'exercer un contrôle permanent sur les prisonniers ; la contrainte (« *coercitive power* ») : il dispose de la possibilité de contraindre et de sanctionner, voire d'utiliser la force (Hemmens, 1999 ; Griffin, 2001) ; la surveillance (« *reward power* ») : il exerce un contrôle de la vie quotidienne et des petites infractions commises, avec la possibilité d'accorder discrétionnairement des faveurs aux prisonniers ; l'expertise (« *expert power* ») : il peut se prévaloir d'un savoir expert qui se retrouve notamment au niveau du travail pénitentiaire ; le respect (« *referent power* ») : il recourt à la persuasion et au dialogue qui peuvent générer des relations de confiance et de respect avec les détenus (Hepburn, 1985).

Le travail des CO se répartit en sept principaux postes de travail (« *duty post* ») : la détention (« *cell-block officers* ») ; la supervision (« *work-detail supervisors* ») ; les postes spécialisés (« *industrial-shop/school officers* ») ; les circulations (« *yard officer* ») ; les tâches administratives (« *administrative-building assignments* ») ; la sécurité périmétrique (« *perimeter security* ») ; le remplacement des agents absents (« *relief officers* »). Selon les administrations, il existe des logiques de rotations entre ces différents postes, généralement tous les trois mois. Certaines, comme la *California Department of Corrections* et le *New York State Department of Correctional Services* ont toutefois conservé le principe de l'ancienneté (« *bid system* ») dans lequel la rotation ne s'effectue qu'au départ volontaire ou à la retraite des agents, ce qui aboutit à confier exclusivement aux agents les moins expérimentés les postes de travail les plus pénibles et les plus exposés.

Il existe de nombreuses recherches sur la subculture des CO, comme c'est le cas d'ailleurs pour les policiers, les deux catégories d'agents présentant de nombreux traits communs en ce domaine (Farkas et Manning, 1997). Ainsi, pour ce qui est de ce que Durkheim appelait la « *morale professionnelle* », neuf valeurs ont pu être identifiées (Kauffmann, 1988) : toujours porter assistance à un CO en difficulté ; ne jamais transporter de drogue pour les détenus ; ne pas dénoncer un autre CO ; ne jamais mettre en difficulté un CO devant les détenus ; toujours venir en aide à un CO lorsqu'il est face à un détenu ; soutenir toujours les sanctions prises contre les détenus ; ne pas verser du côté des détenus (« *Don't be a White Hat or a Goody two-shoes* ») ; maintenir la solidarité entre CO face au milieu extérieur ; témoigner de l'attention positive aux autres CO.

L'intégration de ces valeurs est de nature à transformer les jeunes CO dans trois directions particulières (Crouch et Marquart, 1990) : la perception des détenus comme des individus dangereux, voire des « ennemis » et des « animaux » (« *nonhuman* ») ; la capacité à anticiper les troubles par le repérage de certains comportements, voire de certains changements de bruit et d'atmosphère dans la détention ; la manière de manager les détenus par des réponses plutôt négatives à leurs demandes, notamment par l'obligation de formuler ces dernières selon la règle des 30 secondes (« *30-second rule* »). Ces valeurs peuvent donc encourager certaines tendances négatives, en termes de dissimulation, de cynisme, d'esprit de corps exacerbé et de comportements contraires à l'éthique.

Le stress/burnout se révèle omniprésent dans les études menées sur les CO (Morgan et William, 2009 ; Finn, 2009), au même titre que la violence. Ce stress est particulièrement accentué par l'exposition aux maladies des détenus (sida, hépatites, tuberculose), ce que révèle notamment une étude menée il y a une dizaine d'années, au Texas, auprès de 2 900 agents, qui a mis en évidence l'importance en ce domaine du soutien hiérarchique dans la gestion de ces appréhensions et craintes (Hartley, Davila, Marquart et Mallings, 2012). L'omniprésence du bruit est aussi un facteur accentuant les tensions et le stress (Wener, 2012). L'impression dominante est donc celle d'un métier éprouvant et dangereux, avec ses conséquences préjudiciables en termes de santé, d'addiction et de vie familiale. La profession connaît ainsi des taux de suicide et de divorce singulièrement élevés. De même, selon une enquête réalisée à la même période, en Floride, auprès de 710 agents, ces derniers seraient particulièrement impliqués dans les problèmes de violence conjugale : 33 % des interrogés ayant indiqué connaître dans leur entourage professionnel des cas de violences sur les conjoints non rapportés aux services de police, alors que 11 % ont déclaré avoir été eux-mêmes violents avec leur partenaire (Valentine, Oehme et Martin, 2012).

Les CO ont également le sentiment d'être les agents des forces de l'ordre les plus mal payés, mais avec toutefois la possibilité de réaliser de nombreuses heures supplémentaires. Il existerait un fort turnover au niveau de la profession, estimé à hauteur de 20 % par an, qui s'explique par le niveau des salaires, la nature des fonctions, le temps de travail élevé et le stress (Freeman, 1999). Une enquête réalisée en 2008 auprès de plus de 2 500 officiers et cadres, la *National Jail Workforce Survey (NJWS)* (Castle, 2008), a malgré tout révélé un indice de satisfaction professionnelle somme toute assez élevé :

81 % des interrogés ayant estimé disposer d'un « *travail sûr* » et « *attractif au plan du salaire et des avantages sociaux* », 90 % ayant indiqué être traité de manière « *juste* » dans leur travail.

Comme leurs homologues français, les surveillants américains paraissent donc à la recherche d'une considération pas seulement matérielle pour un travail difficile aussi indispensable que méconnu du plus grand nombre. Et d'espérer que les quelques pages de cet ouvrage auront contribué à cette prise de conscience.

Bibliographie

Alexander M., 2010, *The New Jim Crow. Mass Incarceration in the Age of Colorblindness*, The New Press.

Amourous Ch., Blanc A. (sous la dir.), 2001, *Erving Goffman et les institutions totales*, L'Harmattan.

Aubertin Ch., Latour X. (sous la dir.), 2021, *Les missions de la sécurité privée,* Mare & Martin.

Badinter R., 1992, *La prison républicaine*, Fayard.

Balko R., 2014, *Rise of the Warrior Cop: The Militarization of America's Police Forces*, Public Affairs.

Bauer N., 2023, *Peines de prison ferme : quelle exécution ? Comment délinquants et criminels peuvent éviter l'incarcération*, Institut pour la Justice.

Benguigui G., 2009, « La sécurité et la surveillance en prison », in de Tersac G., Boissières I., Gaillard I. (sous la dir.), *La sécurité en action*, Octarès, pp. 121-131.

Benguigui G., 2011, « La paranoïa pénitentiaire », in Benguigui G., Guilbaud F., Malochet G. (sous la dir.), *Prisons sous tension*, Champ social, « Questions de société », pp. 57-87.

Bérard J., 2014, « Genèse et structure des conflits politiques sur les droits des détenus dans la France contemporaine », *Déviance et Société*, vol. 38, n°4, pp. 449-468.

Bouagga Y., 2015, *Humaniser la peine ? Enquête en maison d'arrêt*, Presses universitaires de Rennes.

Brodeur J-P., Monjardet D., 2003, « Sécurité intérieure et sécurité extérieure. Recompositions et métamorphoses », *Les Cahiers de la Sécurité Intérieure*, n°53, pp. 157-169.

Brossat A., 2001, *Pour en finir avec la prison*, La Fabrique Éditions.

Bruner J., Morgan E., Morgan M., Hylton W., 2004, *Une passion américaine. Prison et peine de mort*, Empêcheur de penser en rond, « Vu d'Amérique ».

Cabanel G-P., 2000, *Prisons : une humiliation pour la République*, Rapport fait au nom de la commission d'enquête n° 449 tome I (1999-2000), Sénat, 29 juin 2000.

Cabanel G-P., 2002, « Entre exclusion et réinsertion », *Revue Projet*, vol. 269, n°1, pp. 45-53.

Carlier Ch., 2009, « Histoire des prisons et de l'administration pénitentiaire française de l'Ancien Régime à nos jours », *Criminocorpus* [En ligne], Varia, mis en ligne le 14 février 2009. URL : http://journals.openedition.org/criminocorpus/246

Castle T. L., 2008, « Satisfied in the Jail? Exploring the Predictions of Job Satisfaction among Jail Officers », *Criminal Justice Review*, n°33(1), pp. 48-63.

Champion D., 2005, *Corrections in the United States : A Contemporary Perspective*, Prentice Hall.

Chantraine G., 2004, *Par-delà les murs. Expériences et trajectoires en maison d'arrêt,* PUF.

Chantraine G., 2016, « L'abolitionnisme au présent. Entretien avec Nicolas Carrier et Justin Piché », *Mouvements*, vol. 88, n°4, pp. 124-134.

Chantraine G., Scheer D., 2022, « Stratégies, ruses et dissimulations dans les « quartiers d'évaluation de la radicalisation » (QER) – France », *Déviance et Société*, vol. 46, n°3, pp. 375-407.

Charbit J., 2018, « Une institutionnalisation contestée. La participation des personnes détenues à la gestion de la prison », *Déviance et Société*, vol. 42, n°1, pp. 207-236.

Chauvenet A., Orlic F., Benguigui G., 1993, « Les surveillants de prison : le prix de la sécurité », *Revue Française de Sociologie*, vol. 38, n°3, pp. 321-364.

Chauvenet A., Orlic F., Benguigui G., 1994, *Le monde des surveillants de prison*, PUF.

Chauvenet A., Faugeron C., Combessie Ph., 1996, *Approches de la prison,* De Boeck.

Chauvenet A., Rostaing C., Orlic F., 2015, *La violence carcérale en question*, PUF.

Chazot R., Violet F., 2020, *La souffrance en prison*, L'Harmattan.

Cheeseman K., 2004, *Training Day : A Typology of Correctional Trainees and the Academy Experience*, Sam Houston State University.

Combessie P., 2001-2018, *Sociologie de la prison,* La Découverte, première édition 2001, dernière édition 2018.

Commission Nationale de Déontologie de la Sécurité (CNDS), 2001-2010, *Rapport au Président de la République et au Parlement* : rapports accessibles sur le site du Défenseur des droits.

Conseil de l'Europe, 2018, *Prison : terreau de radicalisation et d'extrémisme violent*.

Cornuau F., Juillard M., 2021, « Mesurer et comprendre les déterminants de la récidive des sortants de prison », *Infostat Justice*, Service statistique ministériel de la Justice, n°183.

Cour des comptes, 2006, *Garde et réinsertion. La gestion des prisons*, rapport public thématique.

Cour des Comptes, 2016, *La prise et en charge et le suivi, par l'administration pénitentiaire, des majeurs condamnés*, référé du 22 mars 2016.

Crouch B., 1995, « Guard Work in Transition », in Haas K., Alpert G. (eds), *The Dilemmas of Corrections*, Waveland Press, pp. 183-203.

Crouch B., Marquart J., 1990, « On Becoming a Prison Guard », in Stojkovic S., Klofas J., Kalinich D. (eds), *The Administration and Management of Criminal Justice Organizations*, Waveland, pp. 37-45.

Cusson M., 2019, « Une théorie de l'action de sécurité », in Cusson M., Ribaux O., Blais E., Raynaud M-M. (sous la dir.), *Nouveau traité de sécurité. Sécurité intérieure et sécurité urbaine*, Hurtubise HMH, Cahiers du Québec, pp. 27-37.

Cusson M., Dupont B., 2008, *Traité de sécurité intérieure*, Presses polytechniques et universitaires romandes.

Cusson M., Ribaux O., Blais E., Raynaud M-M. (sous la dir.), 2019, *Nouveau traité de sécurité. Sécurité intérieure et sécurité urbaine*, Hurtubise HMH, Cahiers du Québec.

Daniel Ch., 2017, *Probation, insertion. Les deux axes d'une politique ambitieuse de prévention de la récidive*, L'Harmattan.

De Galembert C., 2020, *Islam et prison*, Éditions Amsterdam.

Dieu F., 2003, « La police et le miracle new-yorkais », in *Community Policing et Zero Tolerance à New York et Chicago*, sous la dir. de Ocqueteau F., La documentation Française, « La sécurité aujourd'hui », pp. 37-79.

Dieu F., 2009, « La question ardue des missions policières "indues" : le cas de la gendarmerie nationale », *Cahiers de la Sécurité*, n°7, pp. 194-199.

Dieu F., 2016, *Réponses à la délinquance*, L'Harmattan, « République et sécurité ».

Dieu F., 2017, « Police et violence. Approches sociologiques », *Cahiers de la Sécurité*, n°39, pp. 5-12.

Dieu F., 2020, « Gendarmerie et sociologie », in *Où va la gendarmerie ?*, L'Harmattan, « Sécurité et société », pp. 9-44.

Dieu F., 2021, *Études sur la gendarmerie. Regard sociologique sur une institution à l'épreuve du changement social*, L'Harmattan, « Sécurité et société ».

Dieu F., Mbanzoulou P. (sous la dir.), 2010, « À quoi sert la prison ? En quête de prison républicaine, enquête sur la prison contemporaine », *Cahiers de la Sécurité*, numéro spécial, n°12.

Dieu F., Mbanzoulou P. (sous la dir.), 2011, *L'architecture carcérale. Des mots et des mûrs*, Privat.

Dieu F., Mbanzoulou P. (sous la dir.), 2013, *Administration pénitentiaire et justice. Un siècle de rattachement*, L'Harmattan, « Champ pénitentiaire ».

Ducan P., 2008, *Correctional Officer. Resource Guide*, 4ème édition, ACA.

Dulin A., 2019, *La réinsertion des personnes détenues : l'affaire de tous et de toutes*, Avis du Conseil Économique, Social et Environnemental.

Domingo B., 2017, *Douanes et gouvernement de la sécurité : étudier le policing et le champ de la sécurité par ses marges*, doctorat en science politique de l'Université Toulouse 1 Capitole.

Falxa J., 2022, « Système pénitentiaire français : s'inspirer des expériences étrangères », *Vie publique* [En ligne], mise en ligne le 2 août 2022. URL : https://www.vie-publique.fr/parole-dexpert/285833-prisons-systeme-penitentiaire-sinspirer-dexperiences-etrangeres

Farde G., 2020, *Le continuum de sécurité nationale. Quelles externalisations pour demain ?*, Hermann.

Farkas M. A. , 2009, « A Typology of Correctional officers », in Tewksbury R., Dabney D. (eds), *Prisons and Jails. A Reader*, McGraw/Hill, pp. 193-206.

Farkas M. A., Manning P. K., 1997, « The Occupational Cultures of Corrections and Police Officers », *Journal of Crime and Justice*, n°20(2), pp. 51-60.

Fassin D., 2015, *L'ombre du monde. Une anthropologie de la condition carcérale*, Seuil, « La couleur des idées ».

Favard D., 1987, *Des prisons*, Gallimard.

Fernandez F. et al., 2015, « Introduction : Traiter, humaniser, judiciariser. Les transformations contemporaines de l'enfermement », *Déviance et Société*, vol. 39, n° 4, pp. 371-377.

Ferri T., 2018, *Abolir la prison. L'indispensable réforme pénale*, Libre et Solidaire.

Fischer N., 2016, « Entre droit et savoirs professionnels. L'action des membres du contrôleur général des lieux de privation de liberté français », *Déviance et Société*, vol. 40, n°4, pp. 411-432.

Finn P., 2009, « Correctional Officer Stress: A Cause for Concern and Additional Help », in Tewksbury R., Dabney D. (eds), *Prisons and Jails. A Reader*, McGraw/Hill, pp. 207-221.

Fossier A., 2009, « Le grand renfermement », *Tracés. Revue de Sciences humaines* [En ligne], 1,| 2002, mis en ligne le 11 mai 2009. URL : http://journals.openedition. org/traces/ 4130

Foucault M., 1975, *Surveiller et punir*, Gallimard.

Freeman R., 1999, *Correctional Organization and Management: Public Policy Challenges, Behavior and Structure*, Butterworth-Heinemann, p. 59.

Froment J-Ch., 1998, *La République des surveillants de prison (1958-1998)*, LGDJ, « Droit et société ».

Froment J-Ch., Kaluszynski M. (sous la dir.), 2011, *L'administration pénitentiaire face aux principes de la nouvelle gestion publique : une réforme en question(s)*, Presses universitaires de Grenoble.

Goffman E., 1968, *Asiles, Études sur la condition sociale des malades mentaux et autres reclus,* Les Éditions de Minuit.

Griffin M. L., 2001, *The Use of Force by Detention Officers*, LFB Scholarly Publishers.

Grosdidier F., 2018, *Rapport fait au nom de la Commission d'enquête relative à l'état des forces de sécurité intérieure*, Sénat.

Guilbaud F., 2008, « Le travail pénitentiaire : sens et articulation des temps vécus des travailleurs incarcérés », *Revue Française de Sociologie*, vol. 49, n° 4, pp. 763-791.

Guilbaud F., 2011, « La privatisation des prisons entre marché et "dogme" sécuritaire », in Benguigui G., Guilbaud F.,

Malochet G. (sous la dir.), *Prisons sous tension*, Champ social, « Questions de société ».

Guilbaud F., 2018, « Travailler quand on est détenu : un support pour mieux vivre la détention ? », *Rhizome*, vol. 67, n°1, pp. 62-67.

Hartley D. J., Davila M. A., Marquart J. W., Mallings J. L., 2012, « Fear is a Disease : The Impact of Fear and Exposure to Infectious Disease of Correctional Officer Job Stress and Satisfaction », *American Journal of Criminal Justice*, pp. 1-18.

Hedhili-Azéma H., 2019, « La réforme d'administration pénitentiaire Amor de mai 1945 », *Criminocorpus* [En ligne], mis en ligne le 9 septembre 2019. URL : http://journals.openedition.org/criminocorpus/6244

Hemmens C., 1999, *Use of Force : Current Practice and Policy*, ACA.

Hepburn J., 1985, « The Exercise of Power in Coercitive Organizations: A Study of Prison Guards », *Criminology*, n°23, pp. 145-164.

Herzog-Evans M., 2018, « Pour un statut d'officier de police judiciaire pénitentiaire », Dalloz, « Le droit en débat » [En ligne].

Horel M.-A., Poblete M., 2022, *Au cœur de la prison des femmes : ma vie de surveillante*, Tallandier.

ICSR, *Prisons and Terrorism Radicalisation and De-radicalisation in 15 Countries*, 2010, King's College.

ICSR, 2021, *Prisons and Terrorism: Extremist Offender Management in 10 European Countries*, King's College.

Josi D. A., Sechrest D. K., 1998, *The Changing Career of the Correctional Officer. Policy Implications for the 21st Century*, Butterworth-Hernemann.

Kaluszynski M., 2001, « La réforme des prisons sous la Troisième République. Une co-gestion d'acteurs publics et privés », *Revue Française d'Administration Publique*, n° 99, pp. 393-403.

Kauffman K., 1988, *Prison Officers and their World*, Harvard University Press.

Kazemian L., Andersson C., 2012, *The French Prison System: Comparative Insights for Policy and Practice in New York and the United States*, Research and Evaluation Center, John Jay College of Criminal Justice, City University of New York.

Kazemian L., Farrington D. Ph., 2012, « Recherches sur les sorties de délinquance : quelques limites et questions non résolues », in Marwan M. (sous la dir.), *Les sorties de délinquance.* La Découverte, pp. 61-86.

Kellens G., 2006, « Prison et sécurité : un couple trop soudé », in Tak P., Jendly M. (sous la dir.), *L'exécution des sanctions privatives de liberté et les impératifs de la sécurité*, Wolf, pp. 187-191.

Kenzey A., 2007, *Prison et récidive. Des peines de plus en plus longues : la société est-elle vraiment mieux protégée ?,* Colin.

Kensey A., Benaouda A., 2011, « Les risques de récidive des sortants de prison. Une nouvelle évaluation », *Cahiers d'Études Pénitentiaires et Criminologiques*, n°36.

Keslassy E., 2010, « Tocqueville et l'« économie » pénitentiaire », *Revue d'Histoire des Sciences Humaines*, vol. 23, n°2, pp. 175-202.

Khosrokhavar F., 2016, *Prisons de France. Violence, radicalisations, déshumanisation : surveillants et détenus parlent*, Robert Laffont.

Kraska P. (sous la dir.), 2001, *Militarizing the American Criminal Justice System*, Northeastern University Press.

Kupers T., 1999, *Prison Madness. The Mental Health Crisis Behind Bard and What We Must Do About It*, Jossey-Bass Inc. Publishers.

Lalande P., 2019, *Revue de littérature sur la prévention de la récidive ou des meilleurs moyens pour en diminuer les risques*, Direction des programmes, Direction générale des services correctionnels, Ministère de la Sécurité publique du Québec.

Le Sage de La Haye J., 2019, *L'abolition de la prison*, Libertalia.

Leterrier S.-A., 2008, « Prison et pénitence au XIXe siècle », *Romantisme*, vol. 142, n°4, pp. 41-52.

Levison M., 1982, « Corrections Training : Beyond Bar Tapping One », *Corrections Magazine*, n°8, pp. 40-47.

Lhuilier D., 2001, *Le choc carcéral. Survivre en* prison, Bayard.

Malochet G., 2009, « Les surveillants de prison : marges du travail, travail sur les marges », *Idées Économiques et Sociales*, vol. 158, n°4, pp. 42-49.

Manacorda S., 2015, « Cesare Beccaria et la peine de la réclusion à perpétuité », *Revue de Science Criminelle et de Droit Pénal Comparé*, n°2, pp. 313-327.

Marchetti A.-M., 1997, *Pauvretés en prison*, Eres.

Matelly J-H., 2006, *Une police judiciaire… militaire ? La gendarmerie en question*, L'Harmattan, « Sécurité et société ».

McCrie R., 2010, « La prison aux États-Unis aujourd'hui : un échec retentissant », *Cahiers de la sécurité*, n°12, pp. 238-246.

Merly P., La Mola M., 2021, *Le trou à rats. Un surveillant dans l'enfer des prisons françaises*, Fauves Éditions.

Monjardet D., 1996, *Ce que fait la police. Sociologie de la force publique*, La Découverte.

Morgan J., William J., 2009, « Correctional Officer Stress », *American* Jails, vol. 23, n°5-6, pp. 33-42.

Morin Ch., Taquet A., 2018, *Les Français et la prison*, Fondation Jean Jaurès, mis en ligne le 9 avril 2018. URL : https://www.jean-jaures.org/publication/les-francais-et-la-prison/

Morton J., 1981, « Women in Correctional Employment: Where are they now and where are they headed », in Olsson B. H. (ed), *Women in Corrections*, ACA, pp. 7-16.

Naussiat M., 1998, *Les prisons de la honte*, Desclée de Brouwer.

Observatoire International des Prisons (OIP), 2022, *Dignité en prison. Quelle situation deux ans après la condamnation de la France par la Cour européenne des droits de l'homme ?*

Ocqueteau F., 2004, *Police entre État et marché*, Presses de Sciences-Po.

Olsen B. E., 2005, « From Guard School to Training School: New York's Evolution », *Corrections Today*, n°12, pp. 68-71.

Péchillon É., 2010, « L'administration pénitentiaire. La lente et difficile élaboration du droit d'un service public en mutation », *Les Cahiers de la fonction publique et de l'administration*, n°297, p. 5-9.

Pierre M., 2006, « Le siècle des bagnes coloniaux (1852-1953) », *Criminocorpus* [Online], mis en ligne le 1er janvier 2006. URL : http://journals.openedition.org/criminocorpus/174

Poncela P., 2010, « La loi pénitentiaire du 24 novembre 2009 », *Revue de Science Criminelle et de Droit Pénal Comparé*, vol. 1, n°1, pp. 190-200.

Quétel C., 1989, *La Bastille. Histoire vraie d'une prison légendaire*, Robert Laffont.

Rostaing C., 2020, « À quoi sert la prison ? », in Paugam S. (sous la dir.), *50 questions de sociologie,* PUF, pp. 447-456.

Rostaing C., 2021, *Une institution dégradante, la prison*, NRF Essais, Gallimard.

Roth R., 1981, « 1825-1862 : Le cadre d'une expérience », in Roth R. (sous la dir.), *Pratiques pénitentiaires et théorie sociale. L'exemple de la prison de Genève (1825-1862)*, Librairie Droz, pp. 33-43.

Roucek J., 1935, « Sociology of the Prison Guard », *Sociology and Social Research*, n°20, pp. 145-151.

Simon L., Warde L., 2019, « Représentation des Français sur la prison », *Cahiers d'Études Pénitentiaires et Criminologiques*, n°49, Direction de l'Administration Pénitentiaire.

Sizaire V., 2017, « Que reste-t-il de la défense sociale nouvelle ? », *Revue de Science Criminelle et de Droit Pénal Comparé*, vol. 2, n°2, pp. 261-272.

Smith C., 2009, *The Prison and the American Imagination*, Yale University Press.

Sykes G., 1958, *The Society of Captives*, Princeton University Press.

Thibault P.-M., 1995, *Le défi des prisons privées*, Albin Michel.

Tournier P.V., 2009, (sous la dir. de), *La Babel criminologique. Formation et recherche sur le phénomène criminel : sortir de l'exception française*, Paris, L'Harmattan, « Criminologie ».

Tusseau, G., 2004, « Sur le panoptisme de Jeremy Bentham », *Revue Française d'Histoire des Idées Politiques*, vol. 19, n°1, pp. 3-38.

Valentine C., Oehme K., Martin A., 2012, « Correctional Officers and Domestic Violence: Experiences and Attitudes », *Journal of Family Violence*, vol. 27, n°6, pp. 531-545.

Van de Bogaard C., 2008, « La sécurité dans les établissements pénitentiaires. Empêcher l'évasion à tout prix », *Passe-murailles*, n°14, pp. 7-10.

Vasseur M., 2000, *Médecin chef à la Prison de la Santé*, Le Cherche Midi.

Vindevogel F., 2020, *L'Amérique des prisons. Origines et bilan d'une incarcération de masse*, Presses universitaires du Septentrion, « Histoire et civilisation ».

Wacquant L., 1999, *Les prisons de la misère*, Raisons d'Agir.

Wacquant L., 2001, « Symbiose fatale. Quand ghetto et prison se ressemblent et s'assemblent », *Actes de la Recherche en Sciences Sociales*, n°139, pp. 31-52.

Wacquant L., 2009, *Punir les pauvres. Le nouveau gouvernement de l'insécurité sociale*, Agone.

Weeb G., Morris D., 2002, « Working as a Prison Guard », in Gray T. (ed.), *Exploring Corrections : A Book of Readings*, Allyn and Bacon.

Wener R. E., 2012, *The Environmental Psychology of Prisons and Jails*, Cambridge University Press.

Zanna O., 2010, « Un sociologue en prison », *Nouvelle revue de psychosociologie*, vol. 9, n°1, pp. 149-162.

Zimmer L. E., 1986, *Women Guarding Men*, The University of Chicago Press.

Zimmer L. E., 1987, « How Women Reshape the Prison Guard Role », *Gender and Society*, vol. 1, pp. 415-431.

Table des matières

Ouvrages du même auteur

Administration et politique. Introduction à la sociologie de l'appareil d'État, L'Harmattan, 2021.

Introduction à la méthode de la science politique, L'Harmattan, 2021.

Sociologie de la sécurité, L'Harmattan, « République et sécurité », 2021.

Études sur la gendarmerie, L'Harmattan, « Sécurité et société », 2021.

Où va la gendarmerie ?, L'Harmattan, « Sécurité et société », 2020.

La gendarmerie outre-mer. Diversité territoriale et singularité institutionnelle. Le cas de la Polynésie française, avec Sarah-Marie Cabon et Xavier Latour, sous la dir., L'Harmattan, « Sécurité et société », 2019.

Méthodologies de la sécurité urbaine, avec Bruno Domingo, L'Harmattan, « République et sécurité », 2018.

L'identité du gendarme, sous la dir., L'Harmattan, « Sécurité et société », 2018.

Réponses à la délinquance, L'Harmattan, « République et sécurité », 2016.

Gendarmerie, service public, service au public avec Xavier Latour et Christian Vallar, sous la dir., Mare & Martin, 2016.

Administration pénitentiaire et justice. Un siècle de rattachement, avec Paul Mbanzoulou, sous la dir., L'Harmattan, « Champ pénitentiaire », 2013.

L'architecture carcérale. Des mots et des mûrs, avec Paul Mbanzoulou, sous la dir., Privat, 2011.

Sociologie de la gendarmerie, L'Harmattan, « République et sécurité », 2008.

Justice et femme battue. Enquête sur le traitement judiciaire des violences conjugales, avec Pascal Suhard, L'Harmattan, « Sécurité et société », 2008.

Questions de sécurité. Sociétalisation des réponses, globalisation des menaces, sous la dir., L'Harmattan, « Sécurité et société », 2006.

Police de la route et gendarmerie, L'Harmattan, « Sécurité et société », 2005.

Policer la proximité. Les expériences françaises, britanniques et new-yorkaises, L'Harmattan, « Sécurité et société », 2002.

La Gendarmerie. Secrets d'un corps, Complexe, « Théorie politique », 2002.

Sécurité et proximité. La mission de surveillance générale de la gendarmerie, avec Paul Mignon, L'Harmattan, « Sécurité et société », 2002.

La force publique au travail. Deux études sur les conditions de travail des policiers et des gendarmes, avec Paul Mignon, L'Harmattan, « Sécurité et société », 1999.

Politiques publiques de sécurité, L'Harmattan, « Sécurité et société », 1999.

Sécurité et ruralité, IHESI, « Études et Recherches », 1997.

Gendarmerie et modernité, Montchrestien, 1993.

Structures éditoriales du groupe L'Harmattan

L'Harmattan Italie
Via degli Artisti, 15
10124 Torino
harmattan.italia@gmail.com

L'Harmattan Hongrie
Kossuth l. u. 14-16.
1053 Budapest
harmattan@harmattan.hu

L'Harmattan Sénégal
10 VDN en face Mermoz
BP 45034 Dakar-Fann
senharmattan@gmail.com

L'Harmattan Cameroun
TSINGA/FECAFOOT
BP 11486 Yaoundé
inkoukam@gmail.com

L'Harmattan Burkina Faso
Achille Somé – tengnule@hotmail.fr

L'Harmattan Guinée
Almamya, rue KA 028 OKB Agency
BP 3470 Conakry
harmattanguinee@yahoo.fr

L'Harmattan RDC
185, avenue Nyangwe
Commune de Lingwala – Kinshasa
matangilamusadila@yahoo.fr

L'Harmattan Congo
219, avenue Nelson Mandela
BP 2874 Brazzaville
harmattan.congo@yahoo.fr

L'Harmattan Mali
ACI 2000 - Immeuble Mgr Jean Marie Cisse
Bureau 10
BP 145 Bamako-Mali
mali@harmattan.fr

L'Harmattan Togo
Djidjole – Lomé
Maison Amela
face EPP BATOME
ddamela@aol.com

L'Harmattan Côte d'Ivoire
Résidence Karl – Cité des Arts
Abidjan-Cocody
03 BP 1588 Abidjan
espace_harmattan.ci@hotmail.fr

Nos librairies en France

Librairie internationale
16, rue des Écoles
75005 Paris
librairie.internationale@harmattan.fr
01 40 46 79 11
www.librairieharmattan.com

Librairie des savoirs
21, rue des Écoles
75005 Paris
librairie.sh@harmattan.fr
01 46 34 13 71
www.librairieharmattansh.com

Librairie Le Lucernaire
53, rue Notre-Dame-des-Champs
75006 Paris
librairie@lucernaire.fr
01 42 22 67 13

www.ingramcontent.com/pod-product-compliance
Lightning Source LLC
LaVergne TN
LVHW051351061026
849535LV00009B/3131
* 9 7 8 2 1 4 0 4 8 8 6 4 1 *